FRANZ EPPERT
MATERIAL ZUM KONVERSATIONSUNTERRICHT

FRANZ EPPERT

Material zum Konversationsunterricht

MAX HUEBER VERLAG

4. Auflage

| 4. 3. | Die letzten Ziffern |
| 1983 82 81 | bezeichnen Zahl und Jahr des Druckes. |

Alle Drucke dieser Auflage können nebeneinander benutzt werden.
© 1968 Max Hueber Verlag München
Umschlaggestaltung: Erentraut Waldau-Hauchler, Ismaning
Gesamtherstellung: Druckerei G. J. Manz AG, Dillingen · Printed in Germany
ISBN 3-19-00.1096-X

INHALTSVERZEICHNIS

Vorwort 7
Rauchen 11
Weihnachten 15
Fußballsport 21
Zeitung 28
Ehe 36
Film 42
Buch 48
Werbung 54
Berufswahl 62
Jugend – Alter 70
Theater 77
Schule und Ausbildung 87

VORWORT

Der Austausch sprachlicher Äußerungen, die freie Gesprächssituation sind das Ziel des modernen Fremdsprachenunterrichts. Nun müßte in einer Konversationsstunde mit Fortgeschrittenen etwas davon sichtbar werden. Die angemessene sprachliche Formulierung der beabsichtigten Aussage, die Selbstverständlichkeit sprachlicher Reaktionen sollten in einer Konversationsstunde durchscheinen. Aber es besteht eine eigentümliche Diskrepanz zwischen Erwartung und Wirklichkeit.

Nun soll und darf man einfach nicht erwarten, daß sich das freie Gespräch nach völliger Beherrschung der Formenlehre und ausreichender Behandlung der Syntax wie von selbst ergibt. Die Kenntnis der Funktionen der Satzglieder, der Formen der Teilsätze, der syntaktischen Verbindungsmittel, des Mitteilungswertes und der Stellung von Satzgliedern verbürgt noch keine sinnvolle Kommunikation, keine angemessene spontane mündliche Mitteilung. Gerade weil der Konversationsunterricht eine Vorwegnahme des Unterrichtszieles bedeutet, ist der gesamte Unterrichtsstoff eines Lehrganges notwendige Voraussetzung für den Konversationsunterricht. Nur nicht in der Art, daß die sorgfältige Unterrichtsgestaltung schon die Gewähr für den Erfolg bietet. Auch hier lassen nur sich organisch steigernde Anforderungen gute Ergebnisse erwarten.

Natürlich hat der methodenbewußte, an Linguistik und Lernpsychologie orientierte moderne Sprachlehrer größere Chancen; aber der alte, erfahrene Praktiker zielte doch auch schon immer auf die Aktivierung der Sprechfähigkeit, suchte mit mehr oder weniger Erfolg nach Möglichkeiten, griff zu Nacherzählungen, Kurzreferaten, Unterrichtsgesprächen, Konversationen: und fand kein Material, das dem Schüler in die Hand gegeben werden konnte und den Lehrer im Unterricht z. B. vom Wortballast befreite. Das vorliegende Material will einen Beitrag dazu leisten, aus dieser Situation herauszukommen.

Die Erarbeitung des Wortmaterials zu einem Thema ist eine notwendige Voraussetzung dazu. Die Auseinandersetzung mit dem Wortmaterial bewirkt, daß selbst bei schwächeren Schülern ein verhältnismäßig großer passiver Wortschatz zum jeweiligen Themenkreis vorauszusetzen ist. Den fähigeren Studenten wird gleichzeitig das sprachliche Material zur Formulierung ihrer Gedanken geboten, ohne daß der übrige Teil der Klasse durch Verständnisschwierigkeiten in die Passivität gedrängt wird. Aus unterrichtspraktischen Erwägungen muß vieles hier in die häusliche Vorbereitung verwiesen werden, d. h. aber, daß dem Schüler das Material vorher geboten werden muß. Das ist um so wichtiger, wenn man von der Voraussetzung ausgeht, daß eine Diskussion nur dann Erfolg verspricht, wenn alle Beteiligten über das Thema etwa gleich viel wissen, allerdings eine verschiedene Meinung haben.

Das Material zu den einzelnen Themenkreisen ist folgendermaßen angeordnet:

Zunächst wird eine alphabetisch geordnete und durchlaufend numerierte Wortliste zum Thema mit Wörtern der verschiedensten Wortklassen geboten. Die Fülle des Wortmaterials wird dabei die meisten Bedenken hervorrufen, obwohl gerade damit der wirklichen Klassensituation Rechnung getragen wird. Auch die Wortauswahl bleibt stets anfechtbar, und jeder wird nach einiger Zeit das Wortmaterial auf seine Erfahrungen hin berichtigen.

Zu dieser Wortliste wird den Schülern eine zusätzliche Liste an die Hand gegeben, aus der der Inhalt und, wenn möglich, auch der Anwendungsbereich des Wortes erkennbar sein sollte. Die Zahlenfolge der Wortliste ist beibehalten, damit dem Schüler das Nachschlagen keine Mühe macht. Außerdem kann der Unterrichtende so Worterklärungen als Prüfung des häuslichen Fleißes verlangen. Da sich diese Worterklärungen an Fortgeschrittene wenden, darf zwar manches vorausgesetzt werden. Dennoch wurde versucht, sich gleichermaßen entfernt zu halten von dem Extrem einer abstrakten Unverständlichkeit für Ausländer und einer der deutschen Sprache unzumutbaren Ungenauigkeit.

Schließlich dürfen auch nicht die gängigsten sprachlichen Wendungen fehlen. Sie bilden den notwendigen dritten Teil des Grundmaterials, das dem Schüler bei der häuslichen Vorbereitung zur Verfügung stehen muß.

Einige Aufgaben und Fragen

a. zur Prüfung des Wortmaterials und des freien zusammenhängenden Sprechens und

b. zur Anregung einer eventuellen Diskussion

führen dann zur speziellen Vorbereitung, da jeder Schüler mindestens eine Frage schriftlich zu Hause beantwortet, und zwar nicht zum Tage der angesetzten Konversations- oder Diskussionsstunde, sondern einige Tage früher.

Diese Unterteilung in a. und b. entspringt folgender Beobachtung: Nehmen wir einmal ein so einfaches und besonders für den Beginn geeignetes Thema wie Rauchen. Die Wortliste wird die notwendigen Sachwörter bringen müssen, die z. B. zur Beantwortung folgender Fragen befähigen:

a. Was raucht man in Deutschland?
   Warum rauchen Sie (nicht)?
   Was tun Sie, wenn Sie sich eine Pfeife anzünden?

Nun zeigt es sich, daß die Wortliste völlig unzureichend ist, wollte man etwa nach der Herstellung einer Zigarette fragen. Alle diese Fragen sind aber für eine Diskussion unbrauchbar, weil sie gedanklich weder problematisch noch widersprüchlich sind, sondern mehr die Beschreibung eines Sachverhaltes verlangen, die übrigens immer noch genug Schwierigkeiten bietet. Die logisch-systematische Folge bereitet keine Schwierigkeiten, und von einer Gedankenbewegung kann gar keine Rede sein. Wendet man sich nun Fragen zu, die sich in ihrer Problematik zur Diskussion eignen:

b. Besteht ein Zusammenhang zwischen Krebs und Rauchen?
   Soll der Staat Maßnahmen ergreifen, die das Rauchen erschweren?
   Wie beurteilen Sie die Tabaksteuer?,

dann sieht man, daß jede gedankliche Durchdringung auf einen Wortschatz zurückgreifen muß, der, wenn man nicht das eventuell erwünschte Ergebnis der Diskussion vorwegnehmen will, einfach nicht geboten werden kann. Die Themen: »Weihnachten« und »Fußball« veranschaulichen das ebenfalls. Ist mit dieser Diskrepanz zwischen dem praktisch darbietbaren und dem eigentlich benötigten Wortschatz nun der Brauchbarkeit dieses Materials das Urteil gesprochen? Erstaunlicherweise nicht, denn bei etwas anspruchsvolleren Themen erscheinen in der Wortliste zwangsläufig Wörter, die die Problematik schon in sich tragen. Die Definitionen der zweiten Liste lenken sofort den Blick der Schüler auf diese Probleme und bieten ihm wirkliches Diskussionsmaterial, ohne das Ergebnis bereits festzulegen. Wer könnte und wollte z. B. bei dem Themenkreis »Zeitung« in der Wortliste auf Wörter wie: Aktualität, Berichterstattung, Kommentar, Leitartikel, öffentliche Meinung, Schlagzeile, Zensur, verzichten. Betrachtet man nun einmal die möglichen Themen:

a. Charakterisieren Sie eine bekannte deutsche Tageszeitung.
   Woher bekommt eine Zeitung ihre Nachrichten?
b. Wie kann man feststellen, ob eine Zeitung objektiv berichtet?
   Welche Funktion hat die Schlagzeile?
   Was ziehen Sie vor? Kommentarlose oder kommentierte Nachrichtenvermittlung?,

dann stellt man mit Genugtuung fest, daß die Wortliste, aber besonders natürlich die Liste mit den Definitionen, eine solide Diskussionsgrundlage vorbereitet.

Als Unterrichtszeit empfiehlt sich eine Doppelstunde zu jedem Themenkreis, damit möglichst viele Schüler zunächst auf die Beherrschung des Wortmaterials und ihre zusammenhängende Sprechfähigkeit geprüft werden können. Und dann muß der Lehrer durch Provokation und Improvisation die in den weiterführenden Fragen liegenden widersprüchlichen Argumente der Klasse zur Erörterung überlassen in der Hoffnung, daß sich eine echte Diskussion entwickelt.

Franz Eppert

RAUCHEN

Wortmaterial:

1. das Aroma
2. der Aschenbecher, –
3. der Ascher, –
4. die Banderole, –n
5. der Docht, –e
6. der Feuerstein, –e
7. das Feuerzeug, –e
8. die Filterzigarette, –n
9. der Gewohnheitsraucher, –
10. glimmen
11. der Glimmstengel, – (ugs.[1])
12. der Kettenraucher, –
13. der Nichtraucher, –
14. das Nikotin
15. paffen (ugs.)
16. die Pfeife, –n
17. der Pfeifenkopf, ⸚e
18. der Pfeifenreiniger, –
19. qualmen
20. der Rauch
21. rauchen
22. der Raucher, –
23. die Raucherin, –nen
24. das Raucherbesteck, –e
25. der Rauchverzehrer, –
26. der Sargnagel, ⸚ (sehr ugs.)
27. schmauchen
28. das Streichholz, ⸚er
29. die Streichholzschachtel, –n
30. die Stummelpfeife, –n
31. der Tabak, –e (Arten: der Feinschnitt, der Krüllschnitt)
32. die Tabakdose, –n
33. die Tonpfeife, –n
34. verräuchert
35. die Zigarette, –n
36. das Zigarettenetui, –s
37. die Zigarettenkippe, –n
38. das Zigarettenpapier
39. die Zigarettenschachtel, –n
40. die Zigarettenspitze, –n
41. der oder das Zigarillo, –s
42. die Zigarre, –n (Arten: Brasil, Havanna, Sumatra)
43. der Zigarrenabschneider, –
44. das Zigarrenetui, –s
45. die Zigarrenkiste, –n
46. der Zigarrenstummel, –

Erklärungen zum Wortmaterial:

1. Unter *Aroma* versteht man den Wohlgeruch oder Wohlgeschmack, auch von Speisen und Getränken.
2. Der *Aschenbecher* dient zur Aufnahme der Zigaretten- oder Zigarrenasche.
3. Siehe 2.
4. Die *Banderole* ist der meist sehr bunte Papierstreifen um eine Zigarre, der angibt, daß die Zigarre versteuert ist.

---

[1] Umgangssprachlich

5. Der mit Benzin durchtränkte Baumwollfaden eines Feuerzeuges wird *Docht* genannt.
6. Mit Hilfe eines eisernen Rädchens und des *Feuersteines* wird der Funke erzeugt, der das Benzin im Docht des Feuerzeuges zum Brennen bringt.
7. Ein *Feuerzeug* ist ein kleines Instrument, das aus einem geschlossenen Behälter mit benzindurchtränkter Watte, einem Docht, einem Feuerstein und einem passenden Rädchen besteht und Streichhölzer ersetzt. Neuerdings gibt es auch Gasfeuerzeuge.
8. Eine *Filterzigarette* ist eine Zigarette, die mit einem speziellen Mundstück versehen ist, das den Rauch wenigstens etwas reinigen und ungefährlicher machen soll.
9. Ein *Gewohnheitsraucher* raucht aus Gewohnheit.
10. Wenn eine Zigarette einmal angezündet ist, *glimmt* sie weiter – auch wenn sie nicht geraucht wird.
11. *Glimmstengel* ist eine umgangssprachliche Bezeichnung für die Zigarette.
12. Ein starker Raucher, der öfters die neue Zigarette noch mit der alten anzündet, ist ein *Kettenraucher*.
13. Ein *Nichtraucher* raucht nicht.
14. *Nikotin* ist das nach dem französischen Gelehrten Nicot benannte giftige Alkaloid im Tabak.
15. *Paffen* ist ein umgangssprachlicher Ausdruck für schnelles und stoßweises Rauchen.
16. Viele Leute sagen, eine *Pfeife* zu rauchen, sei viel gemütlicher und genußreicher, als Zigaretten oder Zigarren zu rauchen.
17. In den *Pfeifenkopf* stopft man den Tabak.
18. Siehe 24.
19. *Qualmen* wird umgangssprachlich für rauchen gebraucht. Es ist von Qualm abgeleitet, das dicken, schmutzigen Rauch bezeichnet.
20. *Rauch* ist die durch Verbrennung verschiedenster Stoffe entstehende sichtbare Erscheinung über einem Feuer.
   »Als die Jungen feuchtes Laub in das lodernde Feuer warfen, entwickelte sich dichter gelbweißer Rauch.«
21. Wer Zigarren oder Zigaretten *raucht*, ist ein *Raucher* bzw. eine *Raucherin*.
22. Siehe 21.
23. Siehe 21.
24. Das *Raucherbesteck* besteht aus dem Auskratzer, dem Stopfer und dem Pfeifenreiniger.

25. *Rauchverzehrer* sind kleine, meist elektrische Geräte, die in verhältnismäßig kurzer Zeit die Luft reinigen.
26. *Sargnagel* ist ein sehr umgangssprachlicher Ausdruck für eine Zigarette, der uns daran erinnern soll, daß jede Zigarette infolge ihres schädlichen Nikotingehalts die Gesundheit des Menschen untergräbt und ihn deshalb dem Tod näherbringt.
27. Wer genießerisch und bedächtig seine Pfeife raucht, *schmaucht*.
28. Ein *Streichholz* ist ein dünnes Holzstäbchen, an dessen Ende sich eine schwefelhaltige Masse befindet, die sich durch Reiben an einer chemisch präparierten Reibfläche entzündet.
29. In einer *Streichholzschachtel* befinden sich Streichhölzer.
30. Eine *Stummelpfeife* hat nur ein kurzes Mundstück.
31. Sehr klein geschnittenen *Tabak* nennt man *Feinschnitt*, grob geschnittenen Tabak *Krüllschnitt*.
32. Tabak kauft man oft in *Dosen*.
33. Eine *Tonpfeife* ist aus Ton hergestellt im Gegensatz zu Pfeifen aus Holz, Kunststoff oder Meerschaum.
34. Wenn viele Raucher rauchend in einem kleinen, ungenügend gelüfteten Zimmer sitzen, ist das Zimmer schnell *verräuchert*.
36. Ein *Zigarettenetui* ist eine flache Dose – oft aus Silber –, in der man eine Anzahl *Zigaretten* aufbewahren kann.
37. Eine *Zigarettenkippe* ist das letzte Stück der Zigarette, das man ausdrückt oder wegwirft.
38. Mit Tabak und *Zigarettenpapier* kann man sich selbst eine Zigarette drehen.
39. Man kauft Zigaretten nicht einzeln, sondern in Packungen bzw. *Schachteln* zu etwa 10 oder 20 Stück.
40. Wenn man eine *Zigarettenspitze* benutzt, braucht man die Zigarette selbst nicht mit den Lippen zu berühren.
41. Ein *Zigarillo* ist eine etwas kleinere Zigarre, deren Enden nicht abgerundet und geschlossen, sondern abgeschnitten sind.
42. Siehe 41.
43. Mit einem *Zigarrenabschneider* schneidet man das geschlossene Ende der Zigarre ab, damit der Rauch eingeatmet werden kann.
44. Siehe 36.
45. Zigarren werden einzeln oder in kleinen Holz*kisten* zu 15, 25 oder 50 Stück verkauft.
46. Der *Zigarrenstummel* ist das letzte Stück der Zigarre, das man nicht mehr rauchen kann und deshalb in den Aschenbecher legt oder wegwirft.

Wendungen:
Haben Sie Feuer?
Geben Sie mir bitte Feuer.
Nicht Rauchen!
Rauchen verboten!
er raucht, qualmt wie ein Schlot, Schornstein
die Pfeife, Zigarre ist ausgegangen
der erste Zug schadet nicht
das Rauchen wird zur Gewohnheit
sich eine Zigarette drehen, anstecken, anzünden
sich eine anzünden (ugs.)
Zigarren, Zigaretten, eine lange oder kurze Pfeife, eine schwere oder leichte
    Marke rauchen
viel, wenig, stark rauchen
sich eine Pfeife stopfen (Tabak in die Pfeife stopfen)
die Pfeife anzünden, anrauchen, ausklopfen, reinigen
aus einer Pfeife rauchen
die Friedenspfeife rauchen (sich wieder vertragen)
einen Zug machen
das Rauchen anfangen
heimlich rauchen
beim heimlichen Rauchen erwischt, ertappt werden
die Tabaksteuer erhöhen
eine Kiste Zigarren
eine Schachtel Zigaretten
Freude am Rauchen
würziger Tabak

aus Werbetexten:
eine ungewöhnliche, erregende Mischung
vollendeter Rauchgenuß
erlesenste Tabake
eine milde Zigarette
naturmild
aromareich
von feiner Würze
erste Lese
tabaktreue Geschmacksreinheit
nikotinarm im Rauch

Aufgaben und Fragen:

a. Beschreiben Sie ganz genau, was Sie tun, wenn Sie sich eine Zigarre (Zigarette, Pfeife) anzünden!
Warum rauchen Sie (nicht)? Geben Sie eine ausführliche Erklärung!
Das Rauchen in Deutschland (in Ihrem Heimatland)! (Wer raucht was, wo, zu welcher Gelegenheit und warum wohl?)
b. Was soll man tun, wenn Kinder heimlich rauchen?
Wie erklären Sie sich die Tatsache, daß so viele Menschen rauchen?
Schadet Rauchen der Gesundheit? Nehmen Sie zu dieser Frage Stellung!
Besteht ein Zusammenhang zwischen Krebs und Rauchen?
Soll der Staat Maßnahmen ergreifen, die das Rauchen erschweren?

WEIHNACHTEN

Wortmaterial:

1. der Advent (erster bis vierter)
2. der Adventsonntag, –e
3. die Adventszeit
4. die Bienenwachskerze, –n
5. das Christfest
6. der Christbaum, ⸚e
7. das Christkind
8. die Christmette, –n
9. Christi Geburt
10. das Einwickelpapier
11. der Feiertag, –e
12. das Fest, –e
13. festlich
14. die Gabe, –n
15. der Gabentisch, –e
16. das Geschenk, –e
17. der Heilige Abend
18. die Heilige Nacht
19. die Kerze, –n
20. der Kerzenhalter, –
21. die Krippe, –n
22. die Krippenfigur, –en
23. die Kugel, –n
24. das Lametta
25. der Vorabend, –e
26. die Vorweihnachtszeit
27. Weihnachten
28. weihnachtlich
29. der Weihnachtsabend, –e
30. der Weihnachtsbaum, ⸚e
31. die Weihnachtsbescherung, –en
32. die Weihnachtsgans, ⸚e
33. das Weihnachtsgebäck
34. das Weihnachtsgedicht, –e
35. das Weihnachtsgeschenk, –e
36. die Weihnachtsgeschichte, –en
37. die Weihnachtsgratifikation, –en
38. das Weihnachtslied, –er
39. der Weihnachtsmann, ⸚er
40. der Weihnachtsschmuck
41. der Weihnachtsstollen, –

42. der Weihnachtstag, -e
    (erster, zweiter)
43. der Weihnachtstisch, -e
44. die Weihnachtszeit
45. die Weihnachtszulage, -n
46. der Winter, –
47. der Wintertag, -e
48. die Winterzeit

Erklärungen zum Wortmaterial:

1. *Advent* ist die Zeit vor Weihnachten.
2. Es gibt vier *Adventssonntage* vor Weihnachten.
3. Siehe 1.
4. *Kerzen* aus *Bienenwachs* tropfen nicht und duften gut.
5. Am 25. Dezember eines jeden Jahres feiern die Christen das *Christfest*, das Fest der Geburt Christi.
6. Siehe 30.
7. Das *Christkind* ist der Sohn Gottes, der Weihnachten als Mensch geboren wurde. Nach dem Glauben der Kinder bringt das Christkind zu Weihnachten allerlei Geschenke und Süßigkeiten.
8. Die *Christmette* oder *Christmesse* ist der Gottesdienst in der Nacht vom 24. zum 25. Dezember.
9. Christi ist die lateinische Genitivform von Christus. *Christi Geburt* heißt also die Geburt des »Gesalbten« oder die Geburt Gottes.
10. Zu Weihnachten nimmt man zum Einpacken der Geschenke meist sehr schönes und buntes *Einwickelpapier*.
11. Die durch Gesetz festgelegten Feste werden Feiertage genannt.
12. Die Feier eines Festes ist durch Sitte oder Religion geregelt. Das Fest wird von einer Gemeinschaft zu einem jährlich wiederkehrenden Termin gefeiert. Familienfest ist die Bezeichnung für die Feier eines Höhepunktes innerhalb des Familienlebens.
13. *Festlich* nennt man die dem Fest angemessene Kleidung, Ausstattung, Bewirtung.
14. *Gabe* ist ein Synonym für Geschenk, gehört jedoch einer etwas gehobeneren Sprachschicht an.
15. Zu Weihnachten werden alle Geschenke auf den *Gabentisch* gelegt.
16. Wenn man einem anderen Menschen freiwillig etwas gibt, ohne irgendeinen Gegenwert zu erwarten, dann schenkt man oder macht ein *Geschenk*.
17. Der *Heilige Abend* ist der Vorabend des Weihnachtsfestes, an dem in Deutschland meistens schon die Bescherung stattfindet.
18. Die *Heilige Nacht* ist die Nacht vom 24. zum 25. Dezember.

STILLE NACHT, HEILIGE NACHT!

Melodie: JOSEPH MOHR

Text: Franz Gruber

Stil - le Nacht, hei - li - ge Nacht! Al - les schläft,

ein - sam wacht nur das trau - te hoch - hei - li - ge Paar.

Hol - der Kna - be im lok - ki - gen Haar, schlaf in himm - li - scher

Ruh', schlaf in himm - li - scher Ruh'!

2. Stille Nacht, heilige Nacht!
Hirten erst kund gemacht.
Durch der Engel Alleluja,
tönt es laut von fern und nah:
Christ, der Retter ist da!
Christ, der Retter ist da!

3. Stille Nacht, heilige Nacht!
Gottes Sohn, o, wie lacht
Lieb' aus deinem göttlichen Mund,
da uns schlägt die rettende Stund'.
Christ, in deiner Geburt.
Christ, in deiner Geburt.

---

19. *Kerzen* sind mehr oder weniger lange Stearin- oder Wachsstäbe, in deren Mitte sich ein Docht befindet. Der Docht findet an dem Stearin oder Wachs ständig neue Nahrung und verbreitet ein angenehmes Licht. Bei besonders festlichen Gelegenheiten sitzt man gern bei Kerzenlicht.
20. *Kerzenhalter* dienen zum Befestigen der Kerzen am Weihnachtsbaum.
21. Die *Krippe* ist der Futtertrog für Pferde und Kühe. Da das Christkind nach der Geburt in eine Krippe gelegt wurde, werden zu Weihnachten

in Kirchen und Häusern häufig Krippen mit Krippenfiguren aufgestellt, die die Heilige Familie in der Christnacht zeigen.
22. Siehe 21.
23. Siehe 40.
24. Silbrig oder golden glänzende schmale Metallfäden, mit denen der Weihnachtsbaum geschmückt wird.
25. Siehe 17.
26. Siehe 1.
27. Siehe 5. *Weihnachten* ist das Christfest.
28. Zur Weihnachtszeit herrscht eine *weihnachtliche* Stimmung.
29. Siehe 17.
30. Der *Weihnachtsbaum* ist eine Tanne oder Fichte, die man zu Weihnachten in die Wohnung stellt und mit bunten Kugeln, Lametta und Kerzen schmückt.
31. Die *Weihnachtsbescherung* ist der Augenblick der Geschenkübergabe.
32. Man ißt oft zu Weihnachten eine gebratene Gans, die *Weihnachtsgans*.
33. Unter *Weihnachtsgebäck* versteht man das Gebäck, das typisch für Weihnachten ist, wie z. B. Weihnachtsstollen, Printen, Spekulatius u. v. a. m.
34. Es gibt viele Gedichte mit weihnachtlichen Themen.
35. Siehe 16.
36. Die *Weihnachtsgeschichte* ist die Geschichte der Geburt Christi.
37. Die zusätzliche finanzielle Zuwendung, die kurz vor Weihnachten an Arbeiter, Angestellte oder Beamte ausbezahlt wird und auf die jetzt schon ein gesetzlicher Anspruch besteht, nennt man *Weihnachtsgratifikation*.
38. Jeder Deutsche kennt mehrere *Weihnachtslieder* auswendig, zumindest die erste Strophe.
39. Nach dem Glauben der Kinder bringen der *Weihnachtsmann* oder das Christkind (regional verschieden) die Weihnachtsgeschenke.
40. Unter *Weihnachtsschmuck* (oder Christbaumschmuck) versteht man besonders die Dinge, die man zum Schmuck des Weihnachtsbaumes benutzt: zum Beispiel bunte Kugeln, Lametta, Kerzen, Basteleien aus Stroh, Papier, Watte und sogenannte Wunderkerzen, die beim Abbrennen Funken versprühen.
41. Siehe 33.
42. Siehe 5.
43. Siehe 15.
44. Siehe 1.
45. Ein Synonym für Weihnachtsgratifikation (siehe 37).

Wendungen:

Gesegnete, fröhliche Weihnachten!
es weihnachtet sehr (aus dem Gedicht *Knecht Ruprecht* von Th. Storm)
Geben ist seliger denn Nehmen!
die Glocken läuten
sich (wie ein Kind) auf Weihnachten freuen
auf Weihnachten warten
Weihnachtsvorbereitungen treffen
Weihnachtseinkäufe machen
die Bescherung vorbereiten
die Lichter anzünden
den Weihnachtsbaum (Christbaum) schmücken, plündern
die Weihnachtsgeschichte lesen
Weihnachtslieder singen
ein Weihnachtsgedicht aufsagen
die Kerzen anzünden
die Kerzen brennen, tropfen, duften
die Geschenke einpacken, ausbreiten
den Kindern (manchmal auch schon: die Kinder) bescheren
etwas für Weihnachten basteln
eine Krippe aufstellen, aufbauen, basteln
zur Christmette gehen
weihnachtliche Stimmung
weihnachtliches Wetter
die Heiligen Drei Könige
das Fest des Friedens

Weihnachtsliederanfänge:

Stille Nacht, Heilige Nacht
O du fröhliche, o du selige, gnadenbringende Weihnachtszeit
O Tannenbaum, o Tannenbaum, wie grün sind deine Blätter
Es ist ein Ros' entsprungen aus einer Wurzel zart
Vom Himmel hoch, da komm ich her
Alle Jahre wieder kommt das Christuskind

Beginn des Weihnachtsevangeliums:

Es begab sich aber zu der Zeit ...

Aufgaben und Fragen:

a. Lesen Sie bitte einmal die Weihnachtsgeschichte auf Deutsch!
Wie feiert man in Deutschland (in Ihrem Land) Weihnachten?
Erzählen Sie von Ihren Weihnachtserinnerungen!
Wie schmückt man in Deutschland den Weihnachtsbaum? Versuchen Sie eine Beschreibung!
Was versteht man unter weihnachtlicher Stimmung?
Warum nennt man Weihnachten das Fest des Friedens?

b. Wie beurteilen Sie Melodie und Text des Weihnachtsliedes: »Stille Nacht, heilige Nacht«? (Text siehe S. 17)
Was halten Sie von der Art der Werbung in der Vorweihnachtszeit?
Ist Ihrer Ansicht nach Weihnachten heute noch ein christliches Fest? Begründen Sie Ihre Zustimmung oder Ablehnung!
Soll man Kinder in dem Glauben lassen, daß es einen Weihnachtsmann gibt?
Sollen Arbeitnehmer Weihnachtsgratifikationen erhalten?
Wie beurteilen Sie die Regelung, im Krieg manchmal während der Weihnachtsfeiertage eine Kampfpause einzulegen?

FUSSBALLSPORT

Wortmaterial:

1. der Abschlag, ⸚e
2. das Abseits
3. der Abstoß, ⸚e
4. der Alleingang, ⸚e
5. der Amateursportler, -
6. Aus!
7. das Ausscheidungsspiel, -e
8. der Ball, ⸚e
9. der Berufssportler, -
10. dribbeln
11. die Ecke, -n
12. das Ei
13. der Einwurf, ⸚e
14. der Elfmeter, -
15. das Endspiel, -e
16. das Entscheidungsspiel, -e
17. der Ersatzspieler, -
18. fausten
19. flanken
20. das Foul, -s
21. der Freistoß, ⸚e
22. der Fußball (als Sport)
23. die Fußballelf, -en
24. das Fußballfeld, -er
25. der Fußballklub, -s
26. die Fußballmeisterschaft, -en
27. der Fußballtoto
28. die Fußballwette, -n
29. der Halblinke, -n
30. der Halbrechte, -n
31. die Halbzeit, -en
32. halten
33. Hand!
34. die Hintermannschaft, -en
35. kicken
36. köpfen
37. der Kopfball, ⸚e
38. der Läufer, -
39. der Linienrichter, -
40. der Linksaußen, -
41. die Mannschaftsaufstellung, -en
42. der Mannschaftskapitän, -e
43. der Mannschaftssport
44. mauern
45. die Menschenmasse, -n
46. der Nationalspieler, -
47. die Niederlage, -n
48. die Olympischen Spiele (Pl.)
49. der Pokalsieger, -
50. der Rasensport
51. der Rechtsaußen, -
52. die Regel, -n
53. rempeln
54. die Reportage, -n
55. das Rückspiel, -e
56. die Saison, -s
57. der Schiedsrichter, -
58. schießen
59. der Schlußpfiff, -e
60. der Sieg, -e
61. siegen
62. das Spiel, -e
63. der Spielführer, -
64. der Sport
65. der Sportler, -
66. der Sportplatz, ⸚e
67. die Sportskanone, -n
68. der Sportsmann (Pl. -leute)
69. der Sportverein, -e
70. stoppen
71. der Stopper, -
72. der Strafraum, ⸚e

73.	stürmen	82.	umspielen
74.	der Stürmer, –	83.	unentschieden
75.	der Tabellenführer, –	84.	verletzt
76.	der Titelverteidiger, –	85.	die Verletzung, –en
77.	das Tor, –e	86.	verlieren
78.	der Torwart, –e (Torhüter)	87.	der Verteidiger, –
79.	der Trainer, –	88.	der Weltmeister, –
80.	treten	89.	der Zusammenprall
81.	das Trikot, –s	90.	der Zuschauer, –

Erklärungen zum Wortmaterial:

1. Wenn der Ball neben dem Tor die Linie des Fußballfeldes überquert, gibt es einen *Abschlag* oder *Abstoß* vom Tor.
2. Ein Stürmer darf nur angespielt werden, wenn er sich nicht hinter den gegnerischen Verteidigern befindet, da er sonst *abseits* steht und die andere Partei einen Freistoß in die entgegengesetzte Richtung zugebilligt bekommt.
3. Siehe 1.
4. Wenn ein Spieler versucht, allein und ohne Hilfe seiner Mitspieler die Hintermannschaft des Gegners zu durchbrechen, dann macht er einen *Alleingang*.
5. *Amateursportler* üben den Sport neben ihrer beruflichen Tätigkeit aus.
6. Wenn der Ball über die Abgrenzung des Fußballfeldes rollt, ist er im *Aus* und muß durch einen Einwurf bzw. einen Abstoß vom Tor aus wieder ins Spielfeld geworfen bzw. getreten werden.
7. Bei Meisterschaftsspielen gibt es viele *Ausscheidungsspiele;* die besten Mannschaften kommen dann in den Endkampf.
9. Ein Mann, der einen bestimmten Sport ausübt, um dadurch seinen Lebensunterhalt zu verdienen, ist ein *Berufssportler*.
10. Wenn ein Spieler mit dem Ball so läuft, daß der Ball sich immer nahe vor seinen Füßen befindet, dann *dribbelt* er.
11. Wenn der Ball von einem Spieler der eigenen Partei berührt wird, bevor er neben dem Tor ins Aus geht, dann darf ein Spieler der gegnerischen Elf von der Ecke des Fußballfeldes aus den Ball vor das Tor schießen, er tritt eine *Ecke*.
12. Der Fußball wird oft auch als *Ei* bezeichnet.
13. Geht der Ball auf der Seitenlinie ins Aus, dann wird er von einem Spieler der Gegenpartei mit beiden Händen ins Spiel zurückgeworfen; das ist der *Einwurf*.

14. Berührt ein Spieler der verteidigenden Mannschaft innerhalb des 16-Meter-Raumes den Ball mit der Hand, dann gibt es einen *Elfmeter*, d. h. ein Spieler der Gegenpartei darf den Ball aus elf Meter Entfernung ins Tor zu schießen versuchen.
15. Bei einem *Endspiel* wird die beste Mannschaft ermittelt.
16. Die Mannschaft, die das Endspiel oder das *Entscheidungsspiel* gewinnt, erringt die Meisterschaft.
17. Für den Fall des Ausscheidens infolge von Krankheit oder Verletzung werden immer *Ersatzspieler* bereitgehalten.
18. Der Torwart kann in einer gefährlichen Situation den Ball mit der Faust zurück ins Feld befördern oder über die Torlatte *fausten*.
19. *Flanken* heißt, den Ball von der Seite in die Mitte des Feldes schicken oder umgekehrt.
20. Ein *Foul* ist ein Verstoß gegen die Fußballregeln.
21. Bei einem Foul bekommt in der Regel die betroffene Mannschaft einen *Freistoß*, d. h. ein Spieler darf den Ball ungehindert treten.
23. Die *Fußballelf* ist die aus elf Spielern bestehende Mannschaft:

Torwart

Verteidiger   Verteidiger

rechter Läufer   Mittelläufer   linker Läufer

Rechtsaußen   Halbrechter   Mittelstürmer   Halblinker   Linksaußen

24. Das Fußballspiel wird auf einem *Fußballplatz* ausgetragen.
25. Ein *Fußballklub* ist ein Verein zur Pflege des Fußballspiels.
26. Bei einer *Fußballmeisterschaft* wird die beste Mannschaft eines Gebietes, eines Landes oder der Welt ermittelt.
27. Der *Fußballtoto* ist eine Fußballwette, bei der in Deutschland die Ergebnisse der geplanten Spiele wöchentlich vorausgesagt (getippt) werden müssen. Bei richtiger Voraussage kann man hohe Summen gewinnen.
28. Siehe 27.
29. Siehe 23.
30. Siehe 23.
31. Ein Fußballspiel dauert zweimal 45 Minuten. 45 Minuten sind eine *Halbzeit*.
32. Die Aufgabe des Torwarts ist es, den Ball zu *halten*.
33. Berührt ein Spieler den Ball mit der Hand, dann spricht man von *Handspiel*; die andere Mannschaft bekommt dann einen Freistoß oder einen Elfmeter zugesprochen. (Siehe 14 und 20.)

34. Torwart, Verteidiger und Läufer bilden die *Hintermannschaft*.
35. *Kicken* heißt den Ball treten.
36. Den Ball mit dem Kopf in eine bestimmte Richtung stoßen, nennt man *köpfen*.
37. »Mit einem *Kopfball* jagte dann der Mittelstürmer den Ball unhaltbar ins Netz.«
38. Siehe 23.
39. Der *Linienrichter* hat zu entscheiden, ob und wo der Ball ins Aus gegangen ist und ob ein Stürmer abseits stand.
40. Siehe 23.
41. Bei einem Länderspiel wird meistens schon einen Tag vorher bekanntgegeben, wer mitspielt. Die *Mannschaftsaufstellung* wird bekanntgegeben.
42. Der Führer der Mannschaft ist der *Mannschaftskapitän*.
43. Zum Fußballspiel gehören zwei Mannschaften. Es ist ein *Mannschaftssport*, wie z. B. auch Handball, Hockey oder Rugby.
44. Wenn fast die ganze Mannschaft verteidigt, damit nach Möglichkeit kein gegnerischer Stürmer durchkommt, dann spricht man von *mauern*.
45. Große *Menschenmassen* strömen zu den interessanten Spielen.
46. Der Fußballspieler, der schon einmal in einem Länderspiel für sein Land gespielt hat, ist ein *Nationalspieler*.
47. Die Mannschaft, die weniger Tore erzielt hat als die gegnerische Mannschaft, hat eine *Niederlage* erlitten.
48. 1972 finden die *Olympischen Spiele* in München statt.
49. Bei manchen Ausscheidungsspielen wird ein Pokal als Preis ausgesetzt. Der Sieger ist der *Pokalsieger*.
50. Jede Sportart, die auf einer Wiese ausgeübt wird, ist ein *Rasensport*.
51. Siehe 23.
52. Auch beim Fußballsport darf man bestimmte Dinge tun oder nicht tun, es gibt internationale *Fußballregeln*.
53. Ein Spieler darf einen anderen Spieler nicht mit seinem Körper behindern oder stoßen, d. h. *rempeln*.
54. Eine *Reportage* ist ein Bericht über ein Fußballspiel.
55. Bei den Meisterschaftsspielen der Bundesliga spielt jede Mannschaft zweimal gegen dieselbe Mannschaft. Das zweite Spiel ist das *Rückspiel*.
56. Nach dem letzten Spiel der Bundesliga tritt eine Spielpause ein, bevor die neue Fußball*saison* wieder beginnt.
57. Die Aufgabe des *Schiedsrichters* ist es, die Einhaltung der Regeln während des Spiels zu überwachen.

58. Den Ball treten heißt *schießen*.
59. Der *Schlußpfiff* des Schiedsrichters zeigt das Ende des Spiels an.
60. Die Mannschaft, die die meisten Tore erzielt hat, *siegt*.
62. Ein Fußball*spiel* dauert zweimal 45 Minuten.
63. Der Mannschaftskapitän ist in der Regel der *Spielführer*.
65. Ein Mann, der irgendeinen Sport aktiv betreibt, ist ein Sportsmann oder *Sportler*.
66. Auf einem *Sportplatz* sind verschiedene Anlagen wie Aschenbahn, Sprunggrube, Fußballfeld usw. vereinigt.
67. Ein besonders guter Sportler ist eine *Sportskanone*.
68. Siehe 65.
69. Siehe 25.
70. *Stoppen* heißt den Ball mit dem Fuß anhalten.
71. Die Verteidiger werden oft *Stopper* genannt.
72. Der *Strafraum* ist der Raum vor dem Tor, in dem ein Foul besonders streng bestraft wird.
73. Aufgabe eines Stürmers ist es natürlich, nach vorne zu *stürmen* und Tore zu schießen.
74. Siehe 73 und 23.
75. Wer das günstigste Tor- und Punkteverhältnis aufweisen kann, führt die *Tabelle* der Meisterschaftskandidaten (z. B. der Bundesligavereine) an.
76. Der Sieger des Vorjahres muß seinen *Titel* verteidigen, er ist der Titelverteidiger.
77. Aufgabe der Spieler ist es, den Ball möglichst oft durch das vom Torwächter verteidigte *Tor* zu schießen.
78. Siehe 77 und 23.
79. Dem *Trainer* obliegt die theoretische und praktische Vorbereitung der Spieler auf das Spiel.
80. Den Ball weiterstoßen.
81. Jeder Fußballklub hat seine eigenen *Trikots*, das sind die meist farbigen Hemden, die die Spieler tragen.
82. Wenn es einem Spieler gelingt, den Ball geschickt um einen angreifenden gegnerischen Spieler herumzuspielen, dann hat er ihn *umspielt*.
83. Haben beide Mannschaften die gleiche Anzahl Tore geschossen, dann steht das Spiel *unentschieden*.
84. Bei einem Spiel kommt es vor, daß Spieler *verletzt* werden. Die Verletzungen können schwer sein.
85. Siehe 84.
86. Wer die wenigsten Tore erzielt hat, hat *verloren*.

87. Siehe 23.
88. Der *Weltmeister* wird alle vier Jahre ermittelt.
89. Wenn zwei Spieler heftig zusammenstoßen, spricht man von einem *Zusammenprall*.

Wendungen:

zwei Mannschaften stehen sich gegenüber
Sport treiben
den Ball, das Ei, das Leder ins Tor, ins Netz, in den Kasten jagen, schießen, köpfen, treten
das Leder, den Ball abgeben, flanken
den Gegner umspielen, stoppen
einen Alleingang machen, versuchen
in die Mitte, vor das Tor, zum Rechtsaußen flanken
den Angriff stoppen
einen Gegenangriff unternehmen
einen Elfmeter verursachen, verschulden
den Ball über die Latte fausten
gegen den Pfosten, die Latte schießen
einen Treffer erzielen
für ein Spiel freigegeben werden
ein Tor schießen, erzielen
defensiv spielen
offensiv spielen
mit von der Partie sein
meisterhaften Fußball bieten
in Führung sein
in Hochform sein
Meister werden
überlegen, unterlegen sein
zum Spiel antreten
einen Spieler vom Platz verweisen
das Viertel-, Semifinale erreichen
im Rückstand sein
unerwartet hoch verlieren, gewinnen
der Titel eines Meisters
der Kampf um den Titel
ein klarer Meisterschaftsfavorit

der linke, rechte Flügel
ein scharfer Schuß
ein absichtliches Foul
spielerische Überlegenheit
ein torloses Unentschieden
ein hartes, unfaires, faires Spiel
ein knapper aber verdienter Sieg über
der entscheidende Treffer

Aufgaben und Fragen:

a. Wie spielt man Fußball? Versuchen Sie einmal, die Regeln knapp und übersichtlich anzugeben.
Welche Aufgaben hat ein Schiedsrichter? Zählen Sie sie auf.
Machen Sie eine Reportage über ein wirkliches oder fiktives Fußballspiel! (Spieldauer etwa 5-10 Minuten)

b. Versuchen Sie eine Definition dessen, was Ihrer Ansicht nach Sport ist oder sein soll!
Benutzen Sie das Ergebnis dieser Definition zur Beantwortung der Frage: Ist Fußball Sport?
Woran liegt es Ihrer Meinung nach, daß der Fußballsport so große Menschenmassen anzieht?
Wie beurteilen Sie das Verhalten der Zuschauer bei einem Fußballspiel?

ZEITUNG

Wortmaterial:

1. das Abendblatt, ⸚er
2. das Abonnement, -s
3. die Aktualität, -en
4. aktuell
5. die Annonce, -n
6. die Anzeige, -n
7. die Anzeigenannahme, -n
8. der Anzeigenteil, -e
9. der Artikel, -
10. die Auflage, -n
11. der Aufsatz, ⸚e
12. die Beilage, -n
13. benachrichtigen
14. der Bericht, -e
15. die Berichterstattung, -en
16. der Bezug
17. das Blättchen, -
18. der Chefredakteur, -e
19. drahten
20. das Druckverbot, -e
21. fernmündlich
22. der Fernschreiber, -
23. fernschriftlich
24. der Fernsprecher, -
25. das Feuilleton, -s
26. der Feuilletonredakteur, -e
27. die Filmkritik, -en
28. das Foto, -s
29. der Funkverkehr
30. der Herausgeber, -
31. die Illustrierte, -n
32. der Journalist, -en
33. die Journalistik
34. die Kinderecke, -n
35. der Kommentator, -en
36. der Korrespondent, -en
37. der Kritiker, -
38. die Kulturbeilage, -n
39. die Kulturnachrichten (Pl.)
40. die Kunstbeilage, -n
41. der Leitartikel, -
42. der Leser, -
43. der Leserkreis, -e
44. die Literatur (Pl. hier ungebr.)
45. die Literaturbeilage, -n
46. das Lokalblatt, ⸚er
47. der Lokalredakteur, -e
48. melden
49. die Meldung, -en
50. der Mitarbeiter, -
51. das Mittagsblatt, ⸚er
52. mitteilen
53. die Modebeilage, -n
54. das Morgenblatt, ⸚er
55. die Nachricht, -en
56. das Nachrichtenblat, ⸚er
57. das Nachrichtenbüro, -s
58. der Nachrichtendienst, -e
59. das Nachrichtenwesen
60. die Nachtausgabe, -n
61. die Neuigkeit, -en
62. der Originalbericht, -e
63. die Presse
64. die Presseagentur, -en
65. die Pressekonferenz, -en
66. die Pressestimmen (Pl.)
67. die Provinzpresse
68. der Publizist, -en
69. der Redakteur, -e
70. die Redaktion, -en
71. die Reportage, -n
72. der Reporter, -

73. die Schlagzeile, –n
74. der Schriftleiter, –
75. die Schriftleitung, –en
76. das Skandalblatt, ⸚er
77. die Sportbeilage, –n
78. der Sportredakteur, –e
79. der Stadtanzeiger, –
80. das Tageblatt, ⸚er
81. der Tagesschriftsteller, –
82. die Tageszeitung, –en
83. telefonisch
84. die Theaterkritik, –en
85. der Unterhaltungsteil, –e
86. unterrichten
87. die Verbreitung
88. der Verlag, –e
89. die Verteilung
90. die Wirtschaftsmeldung, –en
91. der Wirtschaftsteil, –e
92. das Wochenblatt, ⸚er
93. die Wochenzeitung, –en
94. die Zeitung, –en
95. der Zeitungsartikel, –
96. der Zeitungskiosk, –e
97. der Zeitungsverleger, –
98. das Zeitungswesen
99. die Zensur

Erklärungen zum Wortmaterial:
1. Ein *Abendblatt* ist eine am Abend erscheinende Zeitung.
2. Ein *Abonnement* ist eine Dauerbestellung auf den Bezug einer Zeitung.
3. *Aktualitäten* sind Neuigkeiten, an denen der Leser noch Interesse hat.
4. Eine neue und interessante Nachricht ist *aktuell*.
5. Eine *Annonce* ist eine Zeitungsanzeige, die eine Firma oder eine Privatperson gegen Bezahlung in eine Zeitung setzen läßt.
6. Siehe 5.
7. Das Büro, wo die Anzeigen entgegengenommen werden, ist die *Anzeigenannahme*.
8. Der Teil der Zeitung, in dem sich hauptsächlich Anzeigen befinden, ist der *Anzeigenteil*.
9. Ein *Artikel* ist ein Aufsatz in einer Zeitung.
10. Die *Auflage* gibt an, wie viele Exemplare der Zeitung täglich gedruckt werden.
11. Siehe 9.
12. Viele Zeitungen haben besonders am Wochenende eine *Beilage*, wie z. B. eine Kulturbeilage, Modebeilage usw.
13. *Benachrichtigen* heißt, jemandem eine Nachricht zukommen lassen.
14. Ein *Bericht* ist eine kurze, sachlich nüchterne Darstellung eines Handlungsablaufs ohne ausschmückende Abschweifungen.
15. Die Qualität einer Zeitung richtet sich unter anderem auch nach der Art und Weise der *Berichterstattung*, d. h. der Anfertigung und Weitergabe von Berichten.

16. Der *Bezug* von Zeitungen ist weit verbreitet und wird durch die tägliche Lieferung gewährleistet.
17. *Blättchen* ist die abwertende Bezeichnung für eine Zeitung mit kleiner Auflage und bescheidenem Niveau.
18. Der *Chefredakteur* ist juristisch der verantwortliche Schriftleiter einer Zeitung, dem die Prüfung, Auswahl und Umformung der Manuskripte obliegt.
19. *Drahten* heißt durch Funk übermitteln.
20. Regierungsstellen erlassen manchmal ein *Druckverbot*.
21. *Fernmündlich* ist ein Synonym für telefonisch.
22. Der *Fernschreiber* ist ein Gerät, das die schriftliche Übertragung von Nachrichten ermöglicht.
23. Eine *fernschriftliche* Übertragung ist die Übermittlung durch einen Fernschreiber (siehe 22).
24. Das Synonym zu *Fernsprecher* ist Telefon.
25. Das *Feuilleton* enthält im Gegensatz zu den politischen, wirtschaftlichen und sportlichen Tagesmeldungen Nachrichten, Kritiken und Aufsätze aus dem Geistes- und Kulturleben.
26. Siehe 25 und 18.
27. Eine *Filmkritik* ist die Beurteilung eines Films, die Werte und Schwächen eines Filmes aufdeckt und so das Publikum vorbereitet und unterrichtet.
28. Ein *Foto* ist ein Bild, das durch ein besonderes chemisches Verfahren hergestellt wird und einen Wirklichkeitsausschnitt (eine Person, ein Haus, eine Landschaft, einen Gegenstand usw.) wiedergibt.
29. Zwischen allen Hauptstädten der Welt gibt es einen regen *Funkverkehr* zur Vermittlung der Nachrichten.
30. Der Chefredakteur stellt im Auftrag des *Herausgebers* die Zeitung zusammen.
31. Eine *Illustrierte* ist eine periodisch erscheinende Zeitschrift mit Bildreportagen.
32. Ein *Journalist* ist berufsmäßig mit der Sammlung, Niederschrift und Verbreitung von Nachrichten und unterhaltsamen Beiträgen über Tagesfragen und Tagesgeschehnisse beschäftigt.
33. Die *Journalistik* umfaßt das gesamte Pressewesen.
34. In manchen Zeitschriften oder Zeitungen gibt es *Kinderecken*, die besonders auf kindliche Interessen zugeschnitten sind.
35. Ein *Kommentator* ist ein Mann, der in der Presse oder im Rundfunk Erläuterungen zu einem bestimmten Tagesgeschehen gibt, den Bereich

reiner Nachrichtenvermittlung verläßt und Ursachen und Wirkungen zu ergründen sucht.
36. Der *Korrespondent* versorgt seine Zeitung regelmäßig mit politischen, kulturellen oder lokalen Nachrichten, Kommentaren und Bildern.
37. Ein *Kritiker* beurteilt Ereignisse oder Werke und versucht eine kritische Wertung.
38. Siehe 12.
39. *Kulturnachrichten* beziehen sich auf Ereignisse im Bereich der Erziehung, der Kunst und der Wissenschaft.
40. Siehe 12.
41. Im *Leitartikel* nimmt der Chefredakteur Stellung zu einer aktuellen Frage.
42. Siehe 43.
43. Die Leser einer Zeitung bilden deren *Leserkreis*.
44. Die *Literatur* ist ganz allgemein das Schrifttum, im engeren Sinn jedoch die schöne Literatur, die in der Dichtung ihre höchste Form erreicht.
45. Siehe 12.
46. Ein *Lokalblatt* ist eine Zeitung, die hauptsächlich von der Bevölkerung eines bestimmten Gebietes oder einer bestimmten Stadt gelesen wird und deshalb besonders Lokalnachrichten verbreitet.
47. Der *Lokalredakteur* ist für die Lokalnachrichten verantwortlich.
48. Man kann eine Nachricht mitteilen, d. h. *melden*. Der Soldat meldete die Eroberung des von Feinden besetzten Hügels.
49. Eine *Meldung* ist die Mitteilung einer Nachricht.
50. *Mitarbeiter* ist hier jeder, der zu der Erstellung der Zeitung beiträgt.
51. Ein *Mittagsblatt* ist eine Zeitung, die mittags erscheint.
52. Wenn man eine Nachricht *mitteilt*, gibt man sie weiter.
53. Siehe 12.
54. Ein *Morgenblatt* ist eine Zeitung, die morgens erscheint.
55. In den Zeitungen findet man *Nachrichten*, d. h. Mitteilungen von neuen Geschehnissen, die eine Gruppe von Menschen interessieren könnten.
56. Ein *Nachrichtenblatt* ist eine Zeitung (siehe 94).
57. *Nachrichtenbüros* sind Informationszentren, die Nachrichten sammeln und an Interessenten verkaufen.
58. Die regelmäßige Vermittlung von Nachrichten geschieht durch den *Nachrichtendienst*.
59. Rundfunk, Presse und Fernsehen bilden das *Nachrichtenwesen*.
60. Die *Nachtausgabe* einer Zeitung erscheint am Abend.
61. Jedes neue Ereignis ist eine *Neuigkeit* (siehe 55).

62. Ein *Originalbericht* stammt in der Regel von einem eigenen Korrespondenten.
63. Die *Presse* ist die Gesamtheit der periodisch erscheinenden Zeitschriften und Zeitungen.
64. Eine *Presseagentur* ist ein Nachrichtenbüro (siehe 57).
65. Wenn eine Persönlichkeit in leitender Position im öffentlichen Leben der Allgemeinheit eine Mitteilung machen will und auch bereit ist, Fragen öffentlich zu beantworten, beruft sie eine *Pressekonferenz* ein, zu der alle Pressevertreter eingeladen werden.
66. Die *Pressestimmen* sind die Kommentare der einzelnen Zeitungen zu einem Ereignis.
67. Die *Provinzpresse* ist oft im Gegensatz zur Landes- oder Weltpresse durch eine gewisse Kleinbürgerlichkeit und Enge des Blickwinkels gekennzeichnet.
68. *Publizist* ist die allgemeine Bezeichnung für einen Tagesschriftsteller.
69. Siehe 18.
70. Die *Redaktion* ist einerseits die Gesamtheit der Redakteure und deren Arbeitsraum, andererseits ist darunter die Bearbeitung von Beiträgen und ihre Vorbereitung zum Druck zu verstehen.
71. Eine *Reportage* ist eine Berichterstattung für Zeitung, Rundfunk oder Fernsehen.
72. Ein *Reporter* ist ein Berichterstatter.
73. Die *Schlagzeile* ist die durch Formulierung, Placierung, Druck und Farbe besonders hervorgehobene, nach der Meinung der Herausgeber entscheidende Nachricht des Tages.
74. Siehe 18.
75. Siehe 70.
76. Ein *Skandalblatt* ist weniger an seriöser Nachrichtenvermittlung interessiert und kommt mehr dem Geschmack der Masse entgegen.
77. Siehe 12.
78. Siehe 47, 12.
79. Ein *Stadtanzeiger* ist eine Zeitung, deren Leserkreis hauptsächlich die Stadtbevölkerung ist.
80. Ein *Tageblatt* ist eine Zeitung, die täglich und am Tage erscheint.
81. Ein *Tagesschriftsteller* schreibt nur für die Bedürfnisse des Augenblicks und strebt nicht nach literarischer Anerkennung.
82. Eine *Tageszeitung* ist eine Zeitung, die täglich erscheint.
83. Siehe 21.
84. Siehe 27.

85. Der *Unterhaltungsteil* ist das Feuilleton (siehe 25).
86. Eine Zeitung *unterrichtet* ihre Leser über die entscheidenden Ereignisse des Tages.
87. Die *Verbreitung* einer Zeitung wird durch die Größe des Leserkreises bestimmt.
88. Der *Verlag* übernimmt die Herstellung, Vervielfältigung und Verteilung der Zeitung.
89. Siehe 88.
90. Siehe 49.
91. Siehe 8.
92. Ein *Wochenblatt* ist eine Zeitung, die wöchentlich erscheint.
93. Siehe 92.
94. Eine *Zeitung* ist eine in kurzen, regelmäßigen Abständen erscheinende Druckschrift, die sich an einen breiten Leserkreis wendet und ihn über die wichtigsten Tagesereignisse unterrichtet und diese Nachrichten durch kritische Beurteilungen ergänzt.
95. Siehe 9.
96. Ein *Kiosk* ist ein Verkaufshäuschen für Zeitungen.
97. Ein *Verleger* ist der Eigentümer eines Verlags (siehe 88).
98. Siehe 33, 59, 63.
99. Eine *Zensur* ist die staatliche Überwachung des Schrifttums durch Kontrollorgane, die entscheiden, ob eine Nachricht veröffentlicht werden darf.

Wendungen:

die Presse berichtet, behauptet, daß ...
eine gute, schlechte Presse haben
in der Zeitung stehen
eine Zeitung bebildern, abonnieren, abbestellen, drucken, herausgeben, redigieren, halten, lesen
an einer Zeitung mitarbeiten
etwas in der Zeitung bekanntgeben, veröffentlichen, lesen, finden
eine Anzeige, einen Beitrag in der Zeitung veröffentlichen
eine Annonce aufgeben
Neuigkeiten verbreiten
an bevorzugter Stelle bringen
auf dem laufenden halten
zwischen den Zeilen lesen

die Auflage beträgt
in Schlagzeilen
auf der ersten Seite
nach Berichten aus
wie gestern schon gemeldet, berichtet
aus gewöhnlich gut unterrichteten Kreisen
durch Fernschreiben
die öffentliche Meinung
starker Rückgang bei den Stellenanzeigen
die Vielfalt öffentlicher Meinungsäußerung
strukturelle Veränderungen im Verlags- und Pressewesen
ein freier Journalist
eine unabhängige Zeitung
ein Interview mit ...
der politische Beobachter
die seriöse Presse
die Boulevard-Presse

Deutsche Tageszeitungen:
    Die Welt
    Frankfurter Allgemeine
    Süddeutsche Zeitung
    Hamburger Abendblatt
    Bild
    u. v. a. m.

Deutsche Wochenzeitungen:
    Die Zeit
    Rheinischer Merkur
    Christ und Welt
    Der Spiegel
    u. v. a. m.

Deutsche Illustrierte:
    Stern
    Quick
    Brigitte
    Constanze
    Bunte Illustrierte
    u. v. a. m.

Aufgaben und Fragen:

a. Charakterisieren Sie eine bekannte deutsche Tageszeitung im Hinblick auf Aufmachung und Vermittlung der Nachrichten!
Vergleichen Sie die erste Seite zweier bekannter Tageszeitungen vom gleichen Tag. Welche Unterschiede stellen Sie fest? (Nicht nur äußerlich!)
Welche Presseagenturen kennen Sie?
Woher bekommt eine Zeitung ihre Nachrichten? Beschreiben Sie die Möglichkeiten kritisch!

b. Wie kann man Ihrer Ansicht nach feststellen, ob eine Zeitung objektiv berichtet?
Untersuchen Sie einen beliebigen Zeitungsartikel daraufhin, ob es sich um kommentarlose oder kommentierte Nachrichtenvermittlung handelt!
Ist die Pressefreiheit in Deutschland gewährleistet? Begründen Sie Ihre Meinung!
Glauben Sie, daß es Situationen oder Bereiche gibt, in denen die Pressefreiheit eingeschränkt werden darf? Begründen Sie Ihre Meinung!

EHE

Wortmaterial:

1. das Aufgebot, -e
2. die Bigamie
3. der Bigamist, -en
4. die Braut, ⸚e
5. der Brautführer, -
6. das Brautkleid, -er
7. das Brautpaar, -e
8. der Bräutigam, -e
9. die Ehe, -n
10. das Eheanbahnungsinstitut, -e
11. die Eheaufhebung, -en
12. die Eheauflösung, -en
13. ehebrechen
14. der Ehebrecher, -
15. die Ehebrecherin, -nen
16. ehebrecherisch
17. der Ehebruch, ⸚e
18. der Ehebund
19. das Ehebündnis- -se
20. die Ehefähigkeit
21. die Ehefrau, -en
22. das Ehejoch
23. der Ehekontrakt, -e
24. der Ehekrach
25. die Eheleute (Pl.)
26. ehelich
27. ehelichen
28. die Ehelosigkeit
29. der Ehemann, ⸚er
30. das Ehepaar, -e
31. der Ehering, -e
32. das Ehesakrament
33. die Ehescheidung, -en
34. der Ehestand
35. der Ehestreit, -e
36. ehetauglich
37. die Ehetrennung, -en
38. der Ehevertrag, ⸚e
39. die Familienplanung
40. der Familienvater, ⸚
41. die Flitterwochen (Pl.)
42. die Frau, -en
43. der Gatte, -n
44. die Gattin, -nen
45. die Geldheirat, -en
46. der Gemahl
47. die Gemahlin, -nen
48. geschieden
49. der Harem, -s
50. die Heirat, -en
51. heiraten
52. die Heiratsaussicht, -en
53. heiratsfähig
54. die Hochzeit, -en
55. die Hochzeitsfeier, -n
56. das Hochzeitsfest, -e
57. das Hochzeitskleid, -er
58. die Intimsphäre
59. das Jawort
60. der Junggeselle, -n
61. ledig
62. die Liebesheirat, -en
63. der Mann, ⸚er
64. die Mischehe, -n
65. die Mitgift
66. monogam
67. die Monogamie
68. der Mönch, -e
69. die Neuvermählten (Pl.)
70. die Nonne, -n
71. polygam
72. die Polygamie

73. die Scheidung, –en
74. der Sex
75. das Standesamt, ⸚er
76. der Traualtar, ⸚e
77. trauen
78. die Trauungszeremonie, –n
79. der Trauzeuge, –n
80. treu bleiben
81. die Treue
82. unverheiratet
83. sich verehelichen
84. sich verheiraten
85. verheiratet
86. der Verlobte, –n
87. die Verlobung, –en
88. der Verlobungsring, –e
89. sich vermählen
90. vermählt
91. die Vermählung, –en
92. die Vernunftehe, –n
93. verwitwet
94. die Witwe, –n
95. der Witwer, –
96. die Ziviltrauung
97. das Zölibat

Erklärungen zum Wortmaterial:

1. Das *Aufgebot* ist die öffentliche Bekanntmachung der Heiratsabsicht.
2. Wenn ein Mann mit zwei Frauen verheiratet ist, lebt er in *Bigamie*, er ist ein Bigamist.
3. Siehe 2.
4. *Braut* ist die Bezeichnung für die Verlobte während der Brautzeit. Diese endet mit der Eheschließung. (Siehe 86.)
5. Der Mann, der die Braut zur Trauung in die Kirche geleitet, ist der *Brautführer*.
6. Die Braut trägt ein *Brautkleid*.
7. Braut und Bräutigam sind das *Brautpaar*.
8. Siehe 7 und 4.
9. Die Ehe ist ein Lebensbund von Mann und Frau.
10. Es gibt private *Eheanbahnungsinstitute*, die persönliche Treffen von Ehewilligen arrangieren.
11. Bei gewichtigen Gründen kann die Ehe gesetzlich *aufgehoben*, d. h. für null und nichtig erklärt werden.
12. Wenn die Ehepartner ein weiteres Zusammenleben für unmöglich oder auch unerwünscht ansehen, streben sie eine *Eheauflösung* (Ehetrennung, Ehescheidung) an.
13. *Ehebrechen* heißt, sich nicht an das bei der Trauung geschworene Treueversprechen halten.
14. Wenn ein Mann sein Treueversprechen bricht, ist er ein *Ehebrecher*.
15. Wenn eine Frau ihr Treueversprechen bricht, ist sie eine *Ehebrecherin*.

16. Das Verhalten, das zum Ehebruch führt, ist *ehebrecherisch*.
17. Siehe 16.
18. Der *Ehebund* ist die Verbindung von Mann und Frau.
19. Siehe 18.
20. Die *Ehefähigkeit* ist in Deutschland gesetzlich geregelt und an ein Mindestalter gebunden.
21. *Ehefrau* und Ehemann bilden das Ehepaar.
22. Die Pflichten, die die Ehe mit sich bringt, werden oft als *Ehejoch* bezeichnet.
23. Der *Ehekontrakt* ist ein Vertrag, den die Eheleute abschließen und der besonders die Besitzverhältnisse regeln soll.
24. Eine größere Meinungsverschiedenheit zwischen *Eh*eleuten ist ein *Ehekrach* oder Ehestreit.
25. Wenn ein Mann und eine Frau heiraten, sind sie *Eheleute*.
26. *Ehelich* heißt aus rechtsgültiger Ehe stammend.
27. *Ehelichen* heißt heiraten, sich vermählen.
28. Die *Ehelosigkeit* ist die gewollte oder ungewollte Lebensführung ohne Ehepartner.
29. Siehe 21.
30. Siehe 21.
31. Mann und Frau tragen in der Regel als Zeichen ihrer Vermählung einen einfachen Gold*ring* am Ringfinger der rechten oder linken Hand.
32. Nach katholischem Glauben ist die Ehe eine von Gott gespendete Gnade, daher *Ehesakrament*.
33. Siehe 12.
34. Im *Ehestand* sein, heißt verheiratet sein.
35. Siehe 24.
36. *Ehetauglich* heißt zur Ehe geeignet und fähig.
37. Siehe 12.
38. Siehe 23.
39. Unter *Familienplanung* versteht man die bewußte, durch neue medizinische Erkenntnisse ermöglichte zeitliche Verzögerung oder zahlenmäßige Beschränkung des Familienzuwachses.
40. Der Vater wird auch *Familienvater* genannt.
41. Die erste Zeit nach der Hochzeit, in der man gewöhnlich eine Reise (Hochzeitsreise) unternimmt, nennt man *Flitterwochen*.
42. Der Gatte ist der Ehemann, die Gattin ist die Ehefrau.
43. Siehe 42.
44. Siehe 42.

45. Wenn ein Partner den anderen hauptsächlich wegen seines Geldes heiratet, macht er eine *Geldheirat*.
46. Der *Gemahl* ist der Ehemann, die Gemahlin ist die Ehefrau.
47. Siehe 46.
48. Man ist *geschieden*, wenn die Ehe rechtsgültig getrennt oder aufgelöst worden ist.
49. Der *Harem* ist der von Frauen bewohnte Teil des islamischen Hauses.
50. Die *Heirat* ist die eheliche Verbindung von Mann und Frau.
51. Siehe 27.
52. Unabhängig von individuellen Qualitäten hat der Angehörige einer bestimmten Altersgruppe nach statistischen Untersuchungen eine ganz bestimmte Chance, einen Ehepartner zu finden. Das ist seine *Heiratsaussicht*.
53. Siehe 36 und 20.
54. Die *Hochzeit* ist die Feier und der Tag der Heirat.
55. Siehe 54.
56. Siehe 54.
57. Siehe 6.
58. Unter *Intimsphäre* versteht man den ganz privaten Bereich menschlichen Lebens.
59. Am Hochzeitstag geben sich Mann und Frau offiziell das *Jawort*.
60. Ein *Junggeselle* ist ein unverheirateter Mann.
61. *Ledig* heißt unverheiratet.
62. Eine *Liebesheirat* ist eine Heirat, bei der ökonomische Gesichtspunkte und soziales Prestige keine Rolle gespielt haben.
64. Eine *Mischehe* ist eine Ehe zwischen Angehörigen verschiedener Konfessionen, Religionen oder Rassen.
65. Das Vermögen, das eine Frau mit in die Ehe bringt, ist die *Mitgift*.
66. Siehe 67.
67. Die *Monogamie* ist die Einehe. Sie allein ist in Deutschland erlaubt.
68. Ein *Mönch* ist ein Mann, der sein Leben ganz in den Dienst Gottes gestellt hat, einem Orden beigetreten ist und nach dessen Regeln lebt.
69. Die *Neuvermählten* sind das jung verheiratete Paar.
70. Eine Nonne ist eine Frau oder ein Mädchen, das ... siehe 68.
72. Unter *Polygamie* versteht man die in manchen Ländern (Islam) erlaubte Vielehe.
73. Siehe 12.
75. Auf dem *Standesamt* wird die vom Gesetz vorgeschriebene Ziviltrauung vorgenommen.

76. Vor dem *Traualtar* in der Kirche reichen sich Mann und Frau die Hand fürs Leben.
77. Das Paar wird in der Kirche durch den Priester, im Standesamt durch den Standesbeamten *getraut*.
78. Die *Trauungszeremonie* ist die feierliche Handlung während der Trauung.
79. Bei jeder Trauung muß ein *Trauzeuge* zugegen sein, damit die Trauung gültig wird.
80. Bleibst du mir treu? heißt: Verläßt du mich nicht? oder hintergehst (betrügst) du mich nicht?
81. Unter ehelicher Treue versteht man die Treue dem Ehepartner gegenüber (siehe 2 und 13–16).
82. Siehe 61.
83. Sich verehelichen siehe 27.
84. Siehe 27.
85. *Verheiratet* heißt, im Stande der Ehe sein.
86. Die *Verlobten* sind zwei Menschen, die zwar noch nicht verheiratet sind, sich jedoch die Heirat versprochen haben.
87. Siehe 86.
88. Siehe 85 und 31.
89. Siehe 27.
90. *Vermählt* heißt verheiratet.
91. Die *Vermählung* ist die Heirat. (Siehe 50 und 54.)
92. Man spricht von einer *Vernunftsehe*, wenn weniger Liebe, Sympathie und Zuneigung als vielmehr nüchterne, zweckmäßige Überlegungen den Entschluß zur Heirat bestimmt haben (siehe 62).
93. Wenn ein Ehepartner gestorben ist, ist der andere *verwitwet*.
94. Eine *Witwe* ist eine Frau, die ihren Mann verloren hat.
95. Ein *Witwer* ist ein Mann, dessen Frau gestorben ist.
96. Die *Ziviltrauung* wird auf dem Standesamt vorgenommen.
97. Das *Zölibat* ist die freiwillige Ehelosigkeit aus meist religiösen Gründen.

Wendungen:

die Ehe auflösen, aufheben, brechen, eingehen, einsegnen, scheiden, trennen, für ungültig erklären, versprechen
sich ehelich verbinden
in den Ehestand treten
die Hand fürs Leben reichen
zum Altar führen

jemanden unter die Haube bringen
Hochzeit halten
zum Mann, zur Frau nehmen
das Jawort geben
die ewige Treue schwören
in Scheidung leben
sie ist noch zu haben
eine Ehe schließen
geschieden werden
eine Ehe scheitert, zerbricht
jahrelang getrennt leben
sich aneinander gewöhnen
der Hafen der Ehe
im Stande der Ehe
eine standesamtliche, zivile, kirchliche Trauung
die grüne, silberne, goldene, diamantene, eiserne Hochzeit
eine Ehe auf Zeit
der geschiedene Mann
die geschiedene Frau
eine wilde Ehe (keine rechtsgültige Ehe)
die freie Liebe
die Mutter der Kinder
die Geliebte des Mannes
das gegenseitige Verständnis
der Alltag, der Erfolg, die Aufrechterhaltung der Ehe
die Karriere des Mannes, der Frau
die ewige Jagd nach Geld und Erfolg
die Emanzipation der Frau
die geistige, körperliche, sittliche Reife
die sittlichen Voraussetzungen zur Ehe
die Möglichkeit zur Scheidung
getrennt lebende Ehegatten
die häusliche Gemeinschaft
der schuldige, schuldlose Ehegatte
der Widerspruch des Ehepartners
eine glückliche, normale, zerrüttete Ehe
die Änderung des Ehegesetzes
die Institution der Ehe
die soziale Bedeutung der Ehe

ein eheliches, uneheliches Kind
die bessere Hälfte

Aufgaben und Fragen:
a. Wie heiratet man in Ihrem Heimatland? Beschreiben Sie die Bräuche!
Wie erklären Sie sich die Tatsache, daß man in den Zeitungen so viele Heiratswünsche findet und daß es so viele Eheanbahnungsinstitute gibt? Charakterisieren Sie einige Heiratswünsche aus einer beliebigen Zeitung.
b. Was ist oder sollte Ihrer Ansicht nach eine Ehe sein?
Welche Bedeutung hat die Institution der Ehe für das Gemeinwesen?
Darf man sich scheiden lassen?
Was halten Sie von arrangierten Ehen?
Wann sollte ein junger Mann die Berechtigung erhalten, zu heiraten?
Halten Sie es für gerechtfertigt, daß das Sozialprestige einer Ehefrau größer ist als das einer alleinstehenden Frau?
Was halten Sie von einer Ehe zwischen Angehörigen verschiedener Religionen, verschiedener Nationalitäten, verschiedener Hautfarben?

FILM

Wortmaterial:

1. der Abenteuerfilm, -e
2. die Aufnahme, -n
3. der Aufnahmeleiter, -
4. die Außenaufnahme, -n
5. der Bildwechsel, -
6. der Darsteller, -
7. die Darstellerin, -nen
8. der Dialog, -e
9. die Dokumentaraufnahme, -n
10. der Dokumentarfilm, -e
11. das Double, -s
12. die Dreharbeiten
13. das Drehbuch, ⸚er
14. der Drehbuchautor, -en
15. der Erfolgsfilm, -e
16. der Farbfilm, -e
17. der Film, -e
18. das Filmatelier, -s
19. die Filmbewertungsstelle, -n
20. die Filmerfahrung, -en
21. die Filmherstellung
22. der Filmpreis, -e
23. der Filmproduzent, -
24. die Filmreklame, -n
25. der Filmschauspieler, -
26. der Filmstar, -s
27. der Filmstreifen, -
28. das Filmstudio, -s
29. das Filmtheater, -
30. der Filmverleih, -e
31. filmwirksam
32. die Flimmerkiste, -n
33. die Großaufnahme, -n
34. die Kamera, -s
35. die Kameraführung
36. der Kameramann (Pl. -leute)

37. der Kassenschlager, –
38. das Kino, –s
39. die Kinokarte, –n
40. der Kintopp, –s (ugs.)
41. der Kriminalfilm, –e
42. der Kulturfilm, –e
43. der Kurzfilm, –e
44. der Lehrfilm, –e
45. die Leinwand, ⸗e
46. der Märchenfilm, –e
47. die Nahaufnahme, –n
48. die Naheinstellung, –en
49. der Normalfilm, –e
50. die Optik
51. photogen
52. die Photographie
53. die Photomontage, –n
54. die Regieführung
55. der Regisseur, –e
56. der Schmalfilm, –e

57. der Schnitt, –e
58. der Schwarzweißfilm, –e
59. der Streifen, –
60. der Stummfilm, –e
61. die Synchronisation, –en
62. synchronisieren
63. der Ton
64. der Tonfilm, –e
65. die Traumfabrik, –en
66. die Trickaufnahme, –n
67. überblenden
68. der Unterhaltungsfilm, –e
69. die Vorschau, –en
70. der Vorspann, –e
71. die Vorstellung, –en
72. der Western, –
73. die Wochenschau, –en
74. der Zeichentrickfilm, –e
75. die Zeitlupe
76. der Zeitraffer

Erklärungen zum Wortmaterial:

1. Ein *Abenteuerfilm* hat natürlich einen abenteuerlichen Stoff als Vorlage.
2. Die *Aufnahme* ist sowohl die einzelne Photographie als auch der Vorgang des Filmens.
3. Der *Aufnahmeleiter* ist der Leiter des Teams, das die vom Regisseur und Drehbuchautor gewünschte Wirkung mit technischen Mitteln realisiert.
4. *Außenaufnahmen* werden nicht im Studio, sondern im Freien gemacht.
5. Eine Änderung von Zeit und Ort geschieht im Film in der Regel durch einen *Bildwechsel* mit oder ohne allmählichen Übergang.
6. Der *Darsteller* ist der Filmschauspieler.
7. Siehe 6.
8. Der *Dialog* ist die von zwei Personen geführte Wechselrede.
9. Mit einer *Dokumentaraufnahme* wird ein Geschehen objektiv aufgenommen. Auf künstlerische Gesichtspunkte und auf die Herausarbeitung besonderer Effekte wird im Interesse der Objektivität verzichtet.
11. Gefährliche und schwierige Situationen werden oft nicht vom Hauptdarsteller selbst gespielt, sondern von einem ihm in Gestalt und Aussehen ähnlichen *Double*.

12. Unter *Dreharbeiten* versteht man das Filmen sämtlicher Szenen eines Filmes.
13. Das *Drehbuch* ist das dem Film zugrunde liegende Textbuch, das neben dem Dialog auch ausführliche Regieanweisungen enthalten kann.
14. Der Verfasser des Drehbuchs ist der *Drehbuchautor*.
15. Ein Film, der einen großen finanziellen Gewinn abwirft, d. h. das Publikum anzieht, ist ein *Erfolgsfilm*.
16. In einem *Farbfilm* wird das Filmgeschehen farbig auf die Leinwand projiziert.
18. Das *Filmatelier* sind die Räumlichkeiten, in denen die Szenen gespielt und aufgenommen werden.
19. Es gibt *Filmbewertungsstellen*, die über die Qualität eines Filmes urteilen, Preise vergeben und steuerliche Vergünstigungen erteilen.
20. Schauspieler, die schon in vielen Filmen mitgespielt haben, oder Regisseure, die schon viele Filme gedreht haben, besitzen *Filmerfahrung*.
21. Zur *Filmherstellung* gehören z. B. das Schreiben des Drehbuchs, die Aufnahme der Szenen, die Auswahl und Zusammensetzung der gefilmten Szenen, die Vertonung und die Synchronisation.
22. Es gibt für Filme die verschiedensten *Preise*, die meist als Auszeichnungen für besondere Leistungen gedacht sind.
23. Im Auftrage eines *Filmproduzenten* wird der Film hergestellt.
24. Die in den Filmtheatern gezeigte Reklame ist *Filmreklame*.
25. Siehe 6.
26. Ein *Filmstar* ist ein berühmter Filmschauspieler oder eine berühmte Filmschauspielerin.
27. Unter *Filmstreifen* versteht man sowohl den Zelluloidstreifen als auch den fertigen Film.
28. Im *Filmstudio* wird der Film hergestellt.
29. Im *Filmtheater* wird der Film vorgeführt.
30. Ein *Filmverleih* ist eine Firma, die Filme für eine bestimmte Zeit zu bestimmten Preisen ausleiht.
31. Szenen, Bewegungen, Lichteffekte, aber auch Themen und Gesichter, die wie für eine filmische Aufnahme geschaffen scheinen, nennt man *filmwirksam*.
32. Die technische Unvollkommenheit der ersten Filmaufführungen führte zu der Bezeichnung *Flimmerkiste*, die heute humorvoll – ohne jede negative Bedeutung – klingt.

33. Wenn z. B. der Kopf eines Schauspielers die gesamte Leinwand einnimmt, dann spricht man von einer *Großaufnahme*.
34. Die *Kamera* ist das Aufnahmegerät.
35. Die Art und Weise, wie die Kamera bei den Aufnahmen eingesetzt wird – die *Kameraführung* –, bestimmt maßgeblich die Qualität des Filmes.
36. Der *Kameramann* bedient das Aufnahmegerät.
37. *Kassenschlager* ist ein Synonym für Erfolgsfilm (siehe 15).
38. Im *Kino* werden die Filme vorgeführt.
39. Eine *Kinokarte* ist der durch Geld erworbene Berechtigungsschein zum Besuch einer Filmvorführung.
40. *Kintopp* ist ein umgangssprachliches Wort für Kino (siehe 38).
41. In einem *Kriminalfilm* wird eine Kriminalgeschichte gezeigt.
42. Ein *Kulturfilm* ist meist ein Vorfilm, der vor dem Hauptfilm läuft und in der Regel ein Thema aus dem kulturellen Bereich behandelt, wie z. B. Bauwerke, Malerei, einen bestimmten Künstler, eine Epoche, eine Landschaft usw.
43. Vorfilme sind meistens *Kurzfilme* mit einer Spieldauer zwischen 5 und 15 Minuten.
44. Das Ziel eines *Lehrfilmes* ist es, mit filmischen Mitteln Wissen, Kenntnisse und Verständnis zu vermitteln, wobei diese Absicht das Thema des Filmes bestimmt.
45. Bei der Vorführung wird der Film auf eine große *Leinwand* projiziert.
46. Ein *Märchenfilm* ist ein verfilmtes Märchen.
47. Wenn die Kamera sehr nahe an das Objekt herangeführt wird, entsteht eine *Nahaufnahme*.
49. Unter *Normalfilm* verstehen wir den 32-mm-Schwarzweiß- und Farbfilm im Gegensatz zum Schmalfilm und zum Breitwandfilm.
50. Die *Optik* ist der Teil des Filmaufnahmegeräts, der die Linsen enthält.
51. Synonym für filmwirksam (siehe 31).
52. Eine *Photographie* ist ein Bild, das mit Hilfe eines optischen Gerätes und eines chemisch-technischen Vorgangs hergestellt wird.
53. Eine *Photomontage* ist die Zusammenstellung eines Gesamtbildes aus Einzelbildern.
54. Der *Regieführung* unterstehen alle Vorbereitungen und Maßnahmen, die die Aufnahmen ermöglichen und den Film in seiner Eigenart entstehen lassen.
55. Der *Regisseur* führt Regie (siehe 54).
56. Ein *Schmalfilm* kann mit einer Handkamera aufgenommen werden.

57. Das während der Dreharbeiten aufgenommene Filmmaterial wird im Studio auf die erforderliche Länge zusammengeschnitten, wobei durch diesen *Schnitt* die Wirkung des Films entscheidend beeinflußt werden kann.
58. Im *Schwarzweißfilm* wird das Filmgeschehen schwarz-weiß auf die Bildwand projiziert.
59. Siehe 27.
60. Die ersten Filme hatten noch keine Tonspur und zeigten deshalb nur Bewegung ohne den dazugehörigen Ton, sie waren *Stummfilme*.
61. Die *Synchronisation* ist die Abstimmung von Bild, Sprechton und Musik, sowie die Übertragung aus einer Fremdsprache mit Rücksicht auf Bild und Bewegung.
62. Siehe 61.
63. Die Musik und die Sprechpartien bezeichnet man als den *Ton*.
64. Ein *Tonfilm* hat Sprechpartien, Musik und die Geräusche der Geschehnisse.
65. Unter *Traumfabrik* versteht man die Filmateliers, weil dort Filme entstehen, die häufig sowohl den Träumen der Zuschauer entgegenkommen, als wiederum solche Träume und Wünsche hervorrufen.
66. Durch technische Arrangements werden Aufnahmen unwirklicher oder unfilmbarer Ereignisse ermöglicht, das sind dann *Trickaufnahmen*.
67. *Überblenden* heißt, ein Bild in ein anderes überleiten.
68. Revuefilme, Abenteuerfilme, Kriminalfilme sind *Unterhaltungsfilme*.
69. Vor Beginn der Filmvorführungen werden häufig Ausschnitte aus kommenden Filmen gezeigt, das ist die *Vorschau*.
70. Zu Beginn des Filmes werden im *Vorspann* der Name des Filmes, die Herstellerfirma, der Regisseur, die Filmschauspieler und alle übrigen beteiligten Personen angegeben.
71. Eine *Vorstellung* ist die Vorführung eines Filmes in einem Filmtheater.
72. Ein *Western* ist ein Wild-West-Film.
73. Die *Wochenschau* gibt einen Überblick über die wichtigsten politischen, kulturellen und sportlichen Ereignisse der Woche. Sie wird vor dem Hauptfilm gezeigt.
74. Ein *Zeichentrickfilm* wird aus unzähligen Einzelzeichnungen zusammengestellt.
75. Wenn ein Geschehen langsamer als in der Wirklichkeit gezeigt wird, spricht man von einer *Zeitlupen*wiedergabe.
76. Läßt man den Film schneller laufen, dann werden die Bewegungen auch schneller, man spricht vom *Zeitraffer*.

Wendungen:

das ist ja wie in einem Film
so etwas gibt es nur im Film
einen Film kurbeln, drehen, vorführen, machen, sehen, verurteilen, ablehnen, beurteilen, aufnehmen usw.
auf die Leinwand bringen
ein Buch, eine Geschichte verfilmen
für den Film bearbeiten
ins Kino gehen
sich einen Film anschauen, ansehen, aussuchen
sich während eines Films langweilen, gruseln, fürchten, amüsieren
sich über einen Film ein Urteil bilden
zum Film gehen (Filmschauspieler werden)
beim Film sein (in der Filmindustrie beschäftigt sein)
die Kamera schwenken
ein langweiliger, spannender, anspruchsvoller, lustiger, ernster, unterhaltsamer, sehenswerter, bemerkenswerter, moderner, künstlerisch wertvoller, publikumswirksamer, schockierender Film
die Länge des Films
ein Erfolg beim Publikum
die Laufzeit eines Films
Techniken des Industriefilms, der Modephotographie, der Reklame
das Niveau der internationalen Filmfestspiele
die Konkurrenz des Fernsehens
die Mittel des Films
eine filmgemäße Gestaltung
die freiwillige Filmselbstkontrolle
in Zeitlupe
der Zeitraffer

Aufgaben und Fragen:

a. Welche verschiedenen Filmarten kennen Sie? Versuchen Sie eine Charakterisierung.
Welche Filme sehen Sie am liebsten? Geben Sie eine ausführliche Begründung!
Beschreiben Sie einen Kinobesuch. Erzählen Sie unkritisch, was Sie dazu veranlaßt, ins Kino zu gehen!
Wie wird ein Film hergestellt? Was wissen Sie davon?

b. Nennen Sie Kriterien für die Beurteilung eines Films!
Ist eine Filmzensur berechtigt?
Wie wird sich Ihrer Ansicht nach das Verhältnis von Kino und Fernsehen in der Zukunft gestalten?
Kann ein Film überhaupt Kunst sein, wo doch sein wirtschaftlicher Erfolg gewährleistet sein muß?

BUCH

Wortmaterial:

1. der Abenteuerroman, -e
2. die Anthologie, -n
3. das Antiquariat, -e
4. antiquarisch
5. der Atlas, Atlanten
6. die Auflage, -n
7. die Ausgabe, -n
8. der Autor, -en
9. die Belletristik
10. der Bestseller, -
11. bibliophil
12. die Bibliothek, -en
13. die Biographie, -n
14. das Buch, ⸗er
15. die Buchbesprechung, -en
16. der Buchbinder, -
17. der Buchdrucker, -
18. die Buchgelehrsamkeit
19. der Buchhändler, -
20. die Buchhandlung, -en
21. die Buchhülle, -n
22. der Buchrücken, -
23. das Bücherbord, -e
24. die Bücherei, -en
25. der Bücherfreund, -e
26. der Bücherladen, ⸗
27. der Büchernarr, -en
28. die Büchersammlung, -en
29. der Bücherschrank, ⸗e
30. die Bücherverbrennung, -en
31. die Bücherweisheit
32. der Bücherwurm, ⸗er
33. die Darstellung, -en
34. die Detektivgeschichte, -n
35. der Dichter, -
36. der Drucker, -
37. die Druckschrift, -en
38. der Einband, ⸗e
39. der Einbandentwurf, ⸗e
40. die Einleitung, -en
41. die Erzählung, -en
42. die Fabel, -n
43. das Fachbuch, ⸗er
44. das Fachwörterbuch, ⸗er
45. das Fernsprechbuch, ⸗er
46. das Format, -e
47. die Gedichtsammlung, -en
48. die Gesamtausgabe, -n
49. die Größe, -n
50. das Handbuch, ⸗er
51. der Herausgeber, -
52. der Inhalt, -e
53. das Jugendbuch, ⸗er
54. das Kapitel, -
55. der Kriminalroman, -e
56. das Kursbuch, ⸗er

57. die Kurzgeschichte, -n
58. das Lehrbuch, ⸚er
59. die Leihbibliothek, -en
60. das Lesebuch, ⸚er
61. das Lexikon, die Lexika
62. die Literatur, -en
63. das Märchenbuch, ⸚er
64. die Neuauflage, -n
65. die Novelle, -n
66. das Pergament, -e
67. die Prosa
68. die Publikation, -en
69. der Reißer, -
70. der Roman, -e
71. das Sachbuch, ⸚er
72. der Schmöker, -
73. der Schriftsteller, -
74. das Schulbuch, ⸚er
75. der Setzer, -
76. das Taschenbuch, ⸚er
77. der Text, -e
78. der Titel, -
79. die Universitätsbibliothek, -en
80. die Unterhaltungsliteratur
81. der Verfasser, -
82. der Verleger, -
83. das Vorwort, -e
84. der Wälzer, -
85. das Wörterbuch, ⸚er

Erklärungen zum Wortmaterial:

1. In einem *Abenteuerroman* wird eine abenteuerliche Geschichte erzählt.
2. Eine *Anthologie* ist eine Sammlung ausgewählter Literaturstücke.
3. Im *Antiquariat* werden alte Bücher verkauft.
4. Bücher, die nicht mehr aufgelegt werden, können meist nur noch *antiquarisch* gekauft werden.
5. Ein *Atlas* ist ein Buch mit geographischen und politischen Karten.
6. Die *Auflage* eines Buches nennt die Zahl der gedruckten Exemplare oder gibt an, wie oft das entsprechende Buch neugedruckt worden ist.
7. Die erste Auflage (siehe 6) ist gleichzeitig die erste *Ausgabe*.
8. Wer ein Buch geschrieben hat, ist der *Autor* (der Verfasser) des Buches.
9. Unter *Belletristik* versteht man die schöngeistige Literatur.
10. Wenn ein Buch sehr gut verkauft wird, nennt man es einen *Bestseller*.
11. Bei einer *bibliophilen* Ausgabe eines Buches wird besonderer Wert auf eine geschmackvolle Ausstattung gelegt.
12. Eine *Bibliothek* ist eine Sammlung von Büchern (Bücherei), die entweder privat ist oder als öffentliche Bibliothek Bücher für eine bestimmte Frist ausleiht.
13. Eine *Biographie* ist die Lebensbeschreibung eines Menschen.
14. Eine *Buchbesprechung* (Rezension) ist eine kritische Beurteilung eines bestimmten Buches durch einen Rezensenten (Kritiker) in einer Zeitschrift oder Zeitung.

16. *Buchbinder* ist die Berufsbezeichnung für den Mann, der die bedruckten Seiten heftet (bindet) und mit einem Einband versieht.
17. Bevor Gutenberg den *Buchdruck* erfand, schrieb man alle Bücher mit der Hand.
18. Man spricht von *Buchgelehrsamkeit,* wenn ein Mensch sein Wissen fast ausschließlich aus Büchern und nicht aus eigenem Denken oder eigener Erfahrung geschöpft hat.
19. Wer Bücher berufsmäßig kauft und verkauft, ist ein *Buchhändler.*
20. In einer *Buchhandlung* kann man Bücher kaufen.
21. Eine *Buchhülle* aus Stoff oder Leder schützt den Einband des Buches beim Lesen.
22. In einem Bücherschrank sieht man nur die *Buchrücken* und nicht die Buchdeckel.
23. Ein an der Wand befestigtes Brett zur Aufbewahrung von Büchern nennt man *Bücherbord.*
24. Siehe 12.
25. Ein *Bücherfreund* hat gern Bücher um sich.
26. Siehe 20.
27. Ein *Büchernarr* ist ein Mensch, dessen ausschließliches Interesse Büchern gilt.
28. Siehe 12.
29. Besonders früher wurden zur Aufbewahrung von Büchern Schränke hergestellt.
30. Zu manchen Zeiten und in manchen Situationen wurden und werden Bücher *verbrannt* als Zeichen eines Protests oder der Verdammung.
31. Eine *Bücherweisheit* ist eine aus Büchern gewonnene Weisheit.
32. Wer besonders in der Beschäftigung mit Büchern (lesen und sammeln) Befriedigung und Glück findet und die meiste Zeit seines Lebens über Büchern verbringt, ist ein *Bücherwurm* (siehe 27).
33. Die Art und Weise, wie man eine Sache, ein Geschehen oder eine Person mit Worten beschreibt, erzählt, gliedert oder zusammenfaßt, ist ganz allgemein die *Darstellung.*
34. In einer *Detektivgeschichte* wird ein Abenteuer, ein Erlebnis, die Geschichte eines Detektivs erzählt.
35. Ein *Dichter* schafft sprachliche Kunstwerke.
36. Siehe 17.
37. Jede mechanisch vervielfältigte Schrift ist eine *Druckschrift.*
38. Der *Einband* ist das Äußere des Buches. Er besteht aus den beiden Buchdeckeln und dem Buchrücken.

39. Bibliophile Ausgaben (siehe 11) haben besonders schöne Einbände, deren *Entwürfe* von bekannten Künstlern stammen.
40. Zu Beginn eines Buches gibt es oft eine *Einleitung*.
41. Eine *Erzählung* ist in der Regel eine Geschichte.
42. Eine *Fabel* ist sowohl der Grundplan einer Dichtung als auch eine kurze didaktische Dichtungsgattung in Vers oder Prosa.
43. In einem *Fachbuch* werden Themen einer speziellen Wissenschaft oder eines bestimmten Berufszweiges behandelt.
44. Ein *Fachwörterbuch* ist eine alphabetische Sammlung der Wörter einer bestimmten Fachsprache.
45. Das *Fernsprechbuch* ist das Telefonbuch, in dem alle Telefonnummern aufgezeichnet sind.
46. Das *Format* ist die Größe eines Buches.
47. Siehe 2.
48. Wenn alle Werke eines Autors in einer zusammenhängenden Buchreihe vorliegen, spricht man von einer *Gesamtausgabe*.
49. Siehe 46.
50. Ein *Handbuch* bringt in systematischer Gliederung einen kurzen Überblick über den Stoff eines wissenschaftlichen Gebietes.
51. Wer ein Buch oder eine Zeitschrift aus Beiträgen anderer zusammenstellt und veröffentlicht, ist der *Herausgeber*.
52. Das, was im Buch gesagt wird, ist der *Inhalt*.
53. Ein für Jugendliche geeignetes Buch ist ein *Jugendbuch*.
54. Ein *Kapitel* ist der Abschnitt eines Buches.
55. In einem Kriminalroman wird eine Kriminalgeschichte erzählt (siehe 34).
56. In einem *Kursbuch* findet man die Ankunfts- und Abfahrtszeiten der Züge sowie deren Anschlüsse.
57. Eine *Kurzgeschichte* ist eine kurze Erzählung in Prosa (short-story).
58. Ein *Lehrbuch* ist ein Buch, das der Vermittlung von Wissen dient und oft dem Unterricht zugrunde liegt.
59. Jede Bibliothek, die Bücher für eine bestimmte Zeit ausleiht, ist eine *Leihbibliothek*.
60. Ein *Lesebuch* ist eine Sammlung von Prosatexten und Gedichten zum Schulgebrauch.
61. Ein *Lexikon* ist ein Nachschlagewerk.
62. Die *Literatur* ist ganz allgemein das Schrifttum, im engeren Sinn jedoch die schöne Literatur, die in der Dichtung ihre höchste Form erreicht.
63. *Märchen* sind frei erfundene, kürzere, volkstümlich-unterhaltende Prosaerzählungen wunderbarer Ereignisse.

64. Siehe 6.
65. Eine *Novelle* ist eine kürzere Prosaerzählung über eine einzelne Begebenheit in gedrängter und geschlossener Form.
66. *Pergament* wird die bearbeitete Tierhaut genannt, auf die vor Erfindung des Papieres geschrieben wurde.
67. *Prosa* ist die nicht durch Rhythmus oder Reim bestimmte Rede- und Schreibweise.
68. Eine *Publikation* ist eine meist schriftliche Veröffentlichung.
69. Ein *Reißer* ist ein in der Regel literarisch minderwertiger Roman, der sich jedoch durch eine spannende Handlung auszeichnet.
70. Ein *Roman* ist eine lange Prosaerzählung.
71. *Sachbücher* dienen der Information. Sie ermöglichen eine erste Orientierung über ein Fachgebiet.
72. Ein literarisch oft minderwertiger, doch die Leselust anreizender Roman, wird *Schmöker* genannt.
73. Ein *Schriftsteller* ist ein Verfasser literarischer Werke.
74. *Schulbücher* sind Bücher, die eigens für den Gebrauch in Schulen verfaßt worden sind.
75. *Setzer* ist die Berufsbezeichnung für den Mann, der in der Buchdruckerei den zu druckenden Text (heute meistens maschinell, früher mit der Hand) aus Metallbuchstaben zusammensetzt.
76. Bücher, die im Format handlich gehalten und außerdem preiswert sind, nennt man *Taschenbücher*.
77. Das Geschriebene ist der *Text*.
78. Der *Titel* eines Buches ist die Überschrift, die meist Hinweise auf den Inhalt gibt.
79. Siehe 12.
80. Die Unterhaltungsliteratur ist unproblematisch und anregend.
81. Siehe 8.
82. Ein Verleger übernimmt die Herstellung und den Vertrieb eines Buches, einer Zeitung oder einer Zeitschrift.
83. Im *Vorwort* werden notwendige oder überflüssige Vorbemerkungen gemacht.
84. Ein *Wälzer* ist ein großes und unhandliches Buch.
85. In einem *Wörterbuch* sind die Wörter einer Sprache oder eines Fachgebietes in alphabetischer Reihenfolge angeführt.

Wendungen:

das Buch liest sich gut
er ist ein Buch mit sieben Siegeln (er ist sehr verschlossen)
Bücher schreiben, zusammenstellen, drucken, auflegen, herausgeben, veröffentlichen, heften, binden, einbinden, besprechen, rezensieren, aufschlagen, durchblättern, lesen, auslesen, verleihen, entleihen, ausleihen, leihen, verschenken, in die Hand nehmen, aus der Hand legen
in einem Buch blättern
über Büchern sitzen
seine Weisheit aus Büchern schöpfen
wie ein Buch reden
eine Auflage von 30 000 erreichen
einen Bestseller schreiben
ein Buch auf den Markt bringen
einen Roman verschlingen
die Möglichkeiten und Grenzen unserer zeitgenössischen Literatur zeigen
ein gutes, kluges, schlechtes, fesselndes, interessantes, heiteres, langweiliges, lustiges, wissenschaftliches, pseudowissenschaftliches, populäres, anrüchiges, spannendes usw. Buch
ein Lehrer, wie er im Buche steht (ein typischer Lehrer)
das Buch der Bücher (die Bibel)
das Buch des Lebens
ein raffinierter Verleger
ein routinierter Schreiber
die Lesbarkeit, die Allgemeinverständlichkeit eines Buches
das Romanschaffen der Gegenwart
der Verleger eines anspruchsvollen Buches
in Leder, Halbleder, Leinen Halbleinen gebunden
im Lesen geübt
lesbar

Aufgaben und Fragen:

a. Welche Bücher lesen Sie am liebsten? Geben Sie eine Begründung!
   Charakterisieren Sie kurz die verschiedenen Bucharten!
   Welche Ordnungsmöglichkeiten gibt es für eine Bibliothek?
   Wie entsteht ein Buch? Beschreiben Sie!
   Wie würde Ihre Bibliothek aussehen, wenn Geld keine Rolle spielte?

b. Welche Bücher sollen Jugendliche lesen?
Soll man Bücher verleihen?
Von welchen Bücherverbrennungen haben Sie gehört, und wie beurteilen Sie diese Bücherverbrennungen?
Sind Sie der Ansicht, daß die großen Buchgemeinschaften eine Nivellierung des Geschmacks herbeiführen? Nehmen Sie Stellung!
Wie sollte ein Sachbuch geschrieben sein? Finden Sie Kriterien zur Beurteilung!
Können Sie sich eine Welt ohne Bücher vorstellen? Was würde das bedeuten, wie müßte diese Welt beschaffen sein?

WERBUNG

Wortmaterial:

1. aktuell
2. das Angebot, –e
3. die Annonce, –n
4. anpreisen
5. der Anreiz, –e
6. der Anzeigenteil, –e
7. die Anziehungskraft
8. die Assoziation, –en
9. assoziativ
10. attraktiv
11. aufschwatzen
12. die Auslage, –n
13. ausschlaggebend
14. das Bedürfnis, –se
15. die Beeinflußbarkeit
16. begeistern
17. die Begierde, –n
18. die Bildreklame, –n
19. billig
20. durchschlagend
21. effektvoll
22. die Ehrlichkeit
23. einprägsam
24. die Empfänglichkeit
25. empfehlen
26. die Empfehlung, –en
27. der Erfolg, –e
28. die Erhöhung, –en
29. ermutigen
30. erwecken
31. exklusiv
32. die Exklusivität
33. die Farbe, –n
34. farbig
35. die Fernsehreklame, –n
36. die Filmwerbung
37. der Gebrauchsgraphiker, –
38. gratis
39. der Handzettel, –
40. herabgesetzt
41. heruntersetzen
42. informieren
43. das Inserat, –e
44. die Kinoreklame, –n

45. der Konsum
46. der Kundendienst
47. die Kundenwerbung
48. die Lichtreklame, -n
49. die Litfaßsäule, -n
50. die Lockung, -en
51. das Markenfabrikat, -e
52. der Markenname, -n
53. der Markenschutz
54. die Mode, -n
55. das Modewort, ⸚er
56. das Motiv, -e
57. die Nachfrage
58. die Neuigkeit, -en
59. das Plakat, -e
60. die Plakatsäule, -n
61. preisen
62. preisgebunden
63. preiswert
64. die Produktion
65. die Psychologie
66. psychologisch
67. die Qualität, -en
68. die Quantität, -en
69. die Reklame
70. der Reklamepreis, -e
71. der Reiz, -e
72. die Reizwirkung, -en
73. rühmen
74. das Schaufenster, -
75. das Schlagwort, ⸚er
76. der Schleuderpreis, -e
77. der Slogan, -s
78. der Sommerschlußverkauf, ⸚e
79. das Sozialprestige
80. spottbillig
81. die Steigerung, -en
82. überreden
83. die Überzeugungskraft
84. der Umsatz, ⸚e
85. die Umsatzsteigerung, -en
86. das Unterbewußtsein
87. das Urheberrecht, -e
88. der Verbrauch
89. die Verbreitung
90. die Verführbarkeit
91. die Verkaufspsychologie
92. das Verlangen
93. die Verlockung, -en
94. der Verschleiß
95. die Versuchung, -en
96. die Wahrheit
97. weltbekannt
98. der Werbefachmann, -leute
99. der Werbefeldzug, ⸚e
100. der Werbefilm, -e
101. der Werbefunk
102. der Werbegraphiker, -
103. werbekräftig
104. werben
105. der Werbepreis, -e
106. der Werbespruch, ⸚e
107. die Werbung
108. die Willenslenkung
109. der Winterschlußverkauf, ⸚e
110. die Zugabe, -n
111. zugkräftig

Erklärungen zum Wortmaterial:

1. *Aktuell* bedeutet zeitgemäß und zeitnah.
2. Das *Angebot* ist alles das, was im Wirtschaftsleben zum Verkauf angeboten wird, sowie ein konkreter Verkaufsvorschlag.

3. Eine *Annonce* ist eine Zeitungsanzeige, die eine Firma oder eine Privatperson für Geld in eine Zeitung setzen läßt.
4. Wenn man die Qualität oder den Preis einer Ware als besonders gut hinstellt, *preist* man die Ware *an*.
5. Die Wirkung, die von einer Ware oder der Art der Aufmachung und Anpreisung ausgeht und die den Wunsch erweckt, die Ware zu besitzen, nennt man den *Anreiz*.
6. Der *Anzeigenteil* ist der Teil einer Zeitung, in dem sich hauptsächlich die Anzeigen der Firmen befinden.
7. Aufgabe der Werbung ist es, die *Anziehungskraft* der Ware und dadurch den Umsatz zu erhöhen.
8. Die Vorstellungen, die sich beim Anblick eines Gegenstandes oder mit einem Gedanken unbewußt, unkontrolliert und ungewollt einstellen, sind die *Assoziationen*.
9. *Assoziativ* heißt durch Assoziationen bewirkt (siehe 8).
10. Eine Ware ist *attraktiv*, wenn sie die Aufmerksamkeit der Käufer auf sich zieht.
11. Manche Verkäufer versuchen, ihre Ware durch Überredung zu verkaufen, sie *schwatzen* einem die Ware *auf*.
12. In der *Auslage* werden die Waren ausgestellt.
13. Eine Kleinigkeit kann der *ausschlaggebende* Grund für den Kauf einer Ware sein.
14. Das *Bedürfnis* nach einer Ware ist die tatsächliche oder vermeintliche Notwendigkeit, diese Ware zu besitzen.
15. Die Werbung geht aus von der Erfahrung, daß der Käufer *beeinflußbar* ist, und entwickelt deshalb wirksame Methoden, die den Käufer zum Kauf veranlassen sollen.
16. Wenn sich jemand für eine Sache oder eine Person *begeistert,* dann hat diese Sache oder Person einen großen Wert für ihn.
17. Die *Begierde* ist ein starkes Verlangen nach etwas.
18. Eine *Bildreklame* benutzt besonders die optische Wirkung des Bildes.
19. *Billig* ist das Gegenteil von teuer.
20. Wenn eine neue Reklame innerhalb kürzester Zeit den Umsatz wesentlich zu steigern vermag, dann hat sie einen *durchschlagenden* Erfolg gehabt.
21. Eine Reklame muß *effektvoll*, d. h. wirkungsvoll sein.
22. Die *Ehrlichkeit* einer Reklame besteht in der Übereinstimmung der Qualität der Ware mit den in der Reklame angegebenen Vorzügen.

23. Wenn sich ein Werbespruch leicht und dauerhaft merken läßt, dann ist er *einprägsam*.
24. Die *Empfänglichkeit* der Menschen für Reklame, d. h. die Wirkungsmöglichkeit der Reklame, beruht auf der Beeinflußbarkeit des Menschen (siehe 15).
25. Eine Ware auf Grund der Qualität zum Kauf vorschlagen, heißt *empfehlen*.
26. Siehe 25.
27. Der *Erfolg* der Werbung ist an der Umsatzsteigerung meßbar.
28. Selbst eine *Preiserhöhung* kann ein Werbemittel sein.
29. Wenn es der Werbung gelingt, innere Widerstände gegen den Kauf zu überwinden, dann *ermutigt* sie den Käufer zum Kauf.
30. In einer modernen Industriegesellschaft müssen immer wieder neue Bedürfnisse *geweckt* werden, die den Prozeß von Produktion und Konsum in Gang halten.
31. Etwas, was nur einer auserwählten Gesellschaftsschicht zugehört, ist *exklusiv*.
32. Wenn man einer Ware den Anstrich von *Exklusivität* gibt, versucht man, besonders zahlkräftige Käuferkreise anzusprechen.
33. Die Wahl der *Farbe* entscheidet mit über den Erfolg einer Werbung.
34. Eine *farbige* Reklame erzielt oft eine größere Wirkung.
35. Unter *Fernsehreklame* versteht man nicht die Reklame für das Fernsehen, sondern die Benutzung des Fernsehens für die Reklame, indem man Reklamesendungen ausstrahlt, die natürlich große Zuschauermengen erreichen.
36. Die Werbung mit Hilfe des Filmes und in den Filmtheatern ist die *Filmwerbung*.
37. Ein *Gebrauchsgraphiker* (auch ein Werbegraphiker) ist ein Graphiker, der sein Geschick und seine Erfindungsgabe in den Dienst der Wirtschaft stellt und gegen Bezahlung bestimmte graphische Arbeiten ausführt.
38. *Gratis* heißt unentgeltlich, unberechnet, frei.
39. *Handzettel* sind mit einer Werbung bedruckte Zettel, die auf den Straßen an Passanten verteilt werden.
40. Wenn Waren sich als unverkäuflich erweisen oder wenn man das Lager freibekommen will, verkauft man sie zu *herabgesetzten* Preisen.
41. Den Preis *heruntersetzen* heißt, den Preis verringern.
42. *Informieren* heißt Auskunft geben oder belehren.
43. Ein Inserat ist eine Zeitungsanzeige (siehe 2 und 6).
44. Die Kinoreklame ist die Filmwerbung im Kino (siehe 36).

45. Der *Konsum* ist der Verbrauch. In der Wirtschaft versteht man darunter all das, was von den Käufern verbraucht wird.
46. Die organisierte, bevorzugte und prompte Bedienung des Kunden ist der *Kundendienst,* der besonders in der Automobilindustrie ein wichtiges Werbemittel ist.
47. Der Versuch, mit Hilfe der Werbung Kunden zu gewinnen, ist *Kundenwerbung.* Kundenwerbung mit unlauteren Mitteln ist Kundenfang.
48. Besonders in den Großstädten wird die *Lichtreklame* häufig benutzt, damit sich auch in der Dunkelheit die Marken und Firmen einprägen.
49. Die *Litfaßsäule* ist eine Anschlagsäule, eine Plakatsäule, auf der Ankündigungen von Veranstaltungen und Reklame zu finden sind.
50. Von gut aufgemachten Artikeln geht natürlich eine *Lockung* aus, die die Kauflust reizt.
51. Ein *Markenfabrikat* ist das Erzeugnis einer Firma, die sich einen Namen für gute Qualität geschaffen hat.
52. Viele Waren sind unter einem ganz bestimmten *Namen* schon seit langer Zeit bekannt.
53. Marke und Name einer Ware werden durch den gesetzlichen *Markenschutz* vor Nachahmung geschützt.
54. Als *Mode* bezeichnet man das, was in Kleidung und Sitte im Augenblick als besonders chic gilt.
55. Ein *Modewort* ist ein Wort, das dem augenblicklichen Geschmack entgegenkommt und daher häufig verwendet wird (z. B.: Mini).
56. Das *Motiv* ist der Grund, der Beweggrund, der Antrieb, die Ursache.
57. Die *Nachfrage* ist das Interesse des Kunden an einer Ware. Angebot und Nachfrage regeln den Preis.
58. Im Bereich des Handels ist eine *Neuigkeit* oft ein neuer Artikel, eine neue Ware.
59. Ein *Plakat* ist ein mit einer Werbeschrift, Ankündigung oder Bekanntmachung versehenes größeres Stück Papier.
60. Siehe 49 und 59.
61. Man *preist* eine Ware, wenn man ihre Qualität lobt.
62. Manche Artikel sind *preisgebunden,* d. h. sie dürfen nur zu einem festen Preis verkauft werden.
63. Eine *preiswerte* Ware ist eine Ware, deren Preis ihrer Qualität angemessen ist.
64. Die *Produktion* ist die Herstellung von Gütern.
65. Die *Psychologie* ist die Wissenschaft vom seelischen Geschehen.

66. Die Werbung arbeitet mit *psychologischen* Mitteln.
67. Die *Qualität* einer Ware ist ihre Güte.
68. Die *Quantität* einer Ware ist ihre Menge.
69. *Reklame* ist Werbung für etwas.
70. Ein Preis, der aus Werbegründen kurzfristig besonders niedrig gehalten wird, ist ein *Reklamepreis*.
71. Eine Ware muß so angeboten werden, daß ein *Reiz* entsteht, sie zu kaufen.
72. Eine gute Reklame erhöht die *Reizwirkung* (siehe 71, 5, 7, 50).
73. Wenn man die Qualität einer Ware preist, dann *rühmt* man sie.
74. Das *Schaufenster* ist eine Auslage der angebotenen Waren (siehe 12).
75. *Schlagwörter* sind im politischen, kulturellen und wirtschaftlichen Leben häufige Wörter und Redewendungen, die in einer prägnanten Form einen Gedankengang oder ein Urteil enthalten und für eine bestimmte Zeit besonders gängig sind.
76. Wenn man eine Ware möglichst schnell verkaufen will, verkauft man sie zu einem *Schleuderpreis*, d. h. zu einem sehr niedrigen Preis.
77. Ein Slogan ist ein Werbeschlagwort (siehe 75).
78. Kurz vor Ende des Sommers verkaufen die Bekleidungsgeschäfte im *Sommerschlußverkauf* zu verbilligten Preisen die Restbestände, damit das Lager für die Winterwaren frei wird.
79. Das *Prestige* ist das Ansehen, das eine Person oder Gruppe beansprucht.
80. *Spottbillig* heißt sehr billig.
81. Die *Steigerung* des Umsatzes ist seine Erhöhung um einen bestimmten Prozentsatz.
82. Einen nicht zum Kauf entschlossenen Kunden kann man durch geschickte Behandlung und Aufzählung überzeugend klingender Argumente zum Kauf *überreden*.
83. Die *Überzeugungskraft* des Verkäufers ist wichtig für seine Verkaufserfolge.
84. Unter *Umsatz* versteht man die Menge der verkauften Ware in einer bestimmten Zeit.
85. Das Ziel der Werbung ist die Umsatzsteigerung (siehe 81).
86. Das *Unterbewußtsein* sind die nicht kontrollierbaren und nicht registrierbaren Erfahrungen des Menschen.
87. Das *Urheberrecht* gewährleistet dem Erfinder das Recht der wirtschaftlichen Ausnutzung seiner Erfindung.
88. Der Verbrauch ist der Konsum (siehe 45).

89. Die *Verbreitung* eines Artikels wird von der Größe des Käuferkreises bestimmt.
90. Die *Verführbarkeit* zum Kauf ist eine Erfahrungstatsache der Werbung.
91. Die *Verkaufspsychologie* will die bei Kauf und Verkauf bestehenden möglichen seelischen Situationen und Beweggründe methodisch untersuchen und ihre Erkenntnisse praktisch verwerten.
92. Gelingt es einer Werbung, das *Verlangen* des Käufers zu wecken, ist der Erfolg schon fast sicher.
93. Die *Verlockung* zum Kauf durch Preis und Aufmachung ist ein legitimes Mittel der Werbung.
94. Im Interesse des Kreislaufes von Produktion und Konsum wird ein zeitiger *Verschleiß* mancher Waren bewußt geplant.
95. Mit der Zeit wird man immun gegen die *Versuchungen* durch die Werbung.
96. Ist die Werbung zur *Wahrheit* verpflichtet oder darf sie im Interesse des Erfolges die Wahrheit verfälschen?
97. Manche Firmen und Marken sind in der ganzen Welt bekannt, sie sind *weltbekannt*.
98. Ein *Werbefachmann* hat Erfahrung in der Werbung.
99. Wenn eine Firma die Werbung für ein Erzeugnis bewußt forciert und alle Werbemöglichkeiten planmäßig ausschöpft und einsetzt, dann startet sie einen *Werbefeldzug*.
100. Ein *Werbefilm* ist bewußt für die Werbung gedreht.
101. Rundfunkgesellschaften verkaufen Sendezeiten (meist in Minuten oder Sekunden gerechnet) an Firmen. Die daraus zusammengestellten Sendungen nennt man *Werbefunk*.
102. Siehe 37.
103. Eine gute Werbung ist *werbekräftig*, d. h. sie wirkt.
104. *Werben* heißt z. B. den Kauf eines Produkts empfehlen.
105. Ein *Werbepreis* ist ein Reklamepreis (siehe 70).
106. Ein Werbespruch ist ein Slogan (siehe 77 und 76).
107. *Werbung* ist Reklame für etwas.
108. Werbung ist *Willenslenkung*, insofern sie bewußt die Käufer beeinflussen will.
109. Siehe 78.
110. Wenn man beim Kauf einer Ware noch eine Kleinigkeit gratis dazubekommt, ist das eine *Zugabe*.
111. Eine gute Werbung ist *zugkräftig* oder werbekräftig.

Wendungen:

eine Werbekampagne, einen Werbefeldzug starten
Reklame machen für etwas
die Werbetrommel rühren
einen Artikel, eine Ware, eine Marke einführen
für eine Firma, ein Buch, einen Gegenstand werben
den Markt erobern, behaupten
vom Markt verdrängen
die Konkurrenz verdrängen
angenehme, positive Assoziationen hervorrufen
Bedürfnisse erwecken, befriedigen
den Mund wäßrig machen
den Verschleiß beschleunigen
die Produktion steigern
den Umsatz erhöhen, steigern
in aller Munde sein
in die Zeitung setzen
über den grünen Klee loben (sehr loben)
im Preis heruntergehen
eine Ware anpreisen
jemandem eine Sache aufschwatzen
sich für eine Sache begeistern
eine Sache herausstreichen
eine Ware im Preis heruntersetzen
den Konsum vergrößern
die Qualität verbessern
zu einem Schleuderpreis abstoßen
jemanden zu einem Kauf überreden
den Verschleiß beschleunigen
der Versuchung erliegen
den Marktanteil vergrößern
eine marktschreierische, geschmackvolle, geschmacklose, kostspielige, wirksame, raffinierte, moderne, großzügige Reklame
die treibende Kraft
Dienst am Kunden
ein vernünftiger, mäßiger, günstiger Preis
zu herabgesetzten Preisen
zu Schleuderpreisen

zum halben Preis
eine attraktive Aufmachung
der ausschlaggebende Grund
ein durchschlagender Erfolg
»Die geheimen Verführer«

Aufgaben und Fragen:

a. Welche Arten von Werbung kennen Sie? Beschreiben Sie sie kurz!
Wählen Sie eine beliebige Reklame aus einer Illustrierten und erläutern Sie die Mittel, mit denen dort gearbeitet wird (Thema, Farbe, Komposition, Text usw.)!
Nennen Sie einige bekannte deutsche Werbeslogans und beschreiben Sie, warum sie so einprägsam sind! (z. B. »Beck's Bier löscht Männerdurst« u. ä.)
In welchem Verhältnis stehen Angebot und Nachfrage?
Ist Kundendienst Werbung?

b. Welche Bedeutung hat die Werbung in der modernen Massengesellschaft?
Welche schlechten Usancen gibt es in der Werbung? Geben Sie Beispiele!
Ist Aufrichtigkeit in der Werbung wichtig?
Rechtfertigt der Erfolg der Werbung ihre Mittel?
Inwieweit sind Ihre Einkaufsgewohnheiten von der Werbung bestimmt? Versuchen Sie eine Analyse!

BERUFSWAHL

Wortmaterial:

1. der Akademiker, –
2. die Altersversorgung
3. das Amt, ̈er
4. das Ansehen
5. die Arbeit, –en
6. der Arbeiter, –
7. das Arbeitsfeld
8. der Arbeitslohn, ̈e
9. die Arbeitslosigkeit
10. der Aufgabenbereich, –e
11. die Aufstiegschancen (Pl.)
12. der Auftrag, ̈e
13. die Ausbildung
14. die Ausbildungskosten (Pl.)
15. der Beamte, –n
16. die Befähigung, –en
17. die Beförderung, –en
18. der Beruf, –e
19. die Berufsausbildung
20. die Berufsberatung
21. das Berufsethos
22. die Berufsgruppe, –n
23. die Berufskrankheit, –en
24. die Berufstätigkeit

25. die Beschäftigung, -en
26. beschränkt
27. die Bestimmung
28. der Broterwerb
29. bummeln
30. dienen
31. sich durchschlagen
32. dynamisch
33. der Ehrgeiz
34. der Eifer
35. der Einfluß, ⸗sse
36. der Einflußbereich, -e
37. energiegeladen
38. die Entschlußkraft
39. sich ernähren
40. der Erwerb
41. der Existenzkampf
42. die Erziehung
43. faulenzen
44. die Freizeitbeschäftigung, -en
45. die Geduldsarbeit
46. das Gehalt, ⸗er
47. der Gelegenheitsarbeiter, -
48. das Geschäft, -e
49. das Gewerbe, -
50. der Handwerker, -
51. die Handarbeit, -en
52. der Hilfsarbeiter, -
53. die Hingabe
54. sich hingeben
55. das Hobby, -s
56. das Interesse, -n
57. der Job, -s
58. die Karriere, -n
59. die Kosten (Pl.)
60. die Krankenversicherung, -en
61. die Laufbahn, -en
62. der Lebensberuf, -e
63. der Lebensinhalt, -e
64. die Lebensstellung
65. der Lebensunterhalt
66. der Lebensweg
67. das Lebenswerk
68. der Lohn, ⸗e
69. der Machtbereich, -e
70. der Nichtsnutz, -e
71. die Pension, -en
72. die Position, -en
73. die Qualifikation, -en
74. rege
75. die Rente, -n
76. die Rolle, -n
77. schaffen
78. schwerfällig
79. die Sendung
80. das Sitzfleisch
81. das Steckenpferd, -e
82. die Stellung, -en
83. der Stubenhocker, -
84. tätig
85. der Tatmensch, -en
86. die Trägheit
87. die Unentschlossenheit
88. unternehmend
89. der Unternehmer, -
90. die Unternehmungslust
91. unternehmungslustig
92. die Verantwortungsfreude
93. verdienen
94. der Verdienst
95. das Verdienst, -e
96. verfehlen
97. wendig
98. werktätig
99. sich widmen
100. wirken
101. der Wirkungskreis, -e

Erklärungen zum Wortmaterial:
1. Ein *Akademiker* ist ein Mann, der an einer Universität mit Erfolg studiert hat.
2. Eine *Altersversorgung* gewährleistet die finanzielle Sicherung, wenn man auf Grund seines Alters keinen Beruf mehr ausübt.
3. Unter *Amt* versteht man sowohl ein Gebäude, in dem sich eine Regierungsstelle befindet, als auch einen von einer Regierung geschaffenen festen und dauernden Aufgabenkreis.
4. Die einem auf Grund von Leistung, Herkunft, Geld, Einfluß, Stellung, Charakter entgegengebrachte Achtung ist ein Zeichen für das *Ansehen,* das man genießt.
5. Unter *Arbeit* versteht man die Tätigkeit, die man zur Erlangung des Lebensunterhaltes ausübt.
6. Ein *Arbeiter* ist z. B. ein Mann, der in einer Fabrik beschäftigt ist, ohne jedoch einen leitenden Posten zu besitzen oder in der Verwaltung tätig zu sein.
7. Das *Arbeitsfeld* ist der Bereich, auf den sich die Arbeitstätigkeit eines Menschen erstreckt.
8. Der *Arbeitslohn* ist die finanzielle Vergütung der Arbeiter für die geleistete Arbeit.
9. Die *Arbeitslosigkeit* ist der Zustand, in dem sich ein Mensch befindet, der arbeiten möchte, aber keinen Arbeitsplatz findet.
10. Der *Aufgabenbereich* umfaßt alle Pflichten, Aufgaben, Kontrollen, die zu einer Tätigkeit gehören.
11. Wenn man in einem Beruf oder in einer Position erwarten kann, daß man sich sozial und finanziell verbessert, dann hat man *Aufstiegschancen.*
12. Erledige ich die Angelegenheit eines anderen, so habe ich einen *Auftrag* erfüllt. Im Handel ist der Auftrag ein Vertrag zur Lieferung von Waren.
13. Die *Ausbildung* ist die allgemeine und fachliche Vorbereitung auf einen Beruf.
14. Die *Ausbildungskosten* sind die Summe, die diese Ausbildung kostet.
15. Ein *Beamter* ist ein Regierungsangestellter auf Lebenszeit.
16. Die *Befähigung* für einen Beruf zeigt sich in der Ausbildung und Eignung.
17. Die Übertragung eines höheren Postens ist eine *Beförderung.*
18. Der *Beruf* ist die nach entsprechender Ausbildung ausgeübte Tätigkeit, durch die jemand seinen Lebensunterhalt verdient.

19. Die *Berufsausbildung* ist die für einen bestimmten Beruf erforderliche Ausbildung.
20. Die *Berufsberatung* ist eine Stelle, die jungen Menschen hilft, den ihren Fähigkeiten und ihrer Eignung entsprechenden Beruf zu finden.
21. Das *Berufsethos* ist das Bewußtsein, mit der Ausübung eines Berufs bestimmten ethischen Werten verpflichtet zu sein.
22. Eine *Berufsgruppe* bilden die Menschen, die den gleichen oder einen ähnlichen Beruf ausüben.
23. Wenn die Ausübung einer Tätigkeit häufig zu der gleichen Krankheit führt, spricht man von einer *Berufskrankheit*.
24. Die *Berufstätigkeit* ist die Ausübung des Berufs.
25. Eine *Beschäftigung* ist eine augenblickliche Tätigkeit.
26. *Beschränkt* ist ein Synonym für begrenzt.
27. Eine *Bestimmung* ist eine von einer autorisierten Stelle aufgestellte Regel oder Verordnung, kann aber auch das bezeichnen, wofür ein Mensch auf Grund seiner Anlagen und Interessen *bestimmt* ist.
28. Der *Broterwerb* ist der nächstliegende Grund für die Ausübung einer Tätigkeit gegen Entlohnung.
29. *Bummeln* heißt, sich bei der Arbeit reichlich Zeit lassen.
30. *Dienen* heißt, zum Nutzen eines anderen tätig sein.
31. Sich *durchschlagen* heißt, mit Mühe und Not seinen Lebensunterhalt verdienen.
32. *Dynamisch* heißt energiegeladen.
33. Der *Ehrgeiz* ist die Kraft, die einen Menschen danach streben läßt, fachlich, beruflich und sozial höher zu steigen.
34. *Eifer* ist ein großes, mit gutem Willen gepaartes Interesse.
35. Wenn man von einer Position aus viele Weisungsbefugnisse hat oder auf Grund seiner Macht leicht seine Interessen wahrnehmen kann, besitzt man *Einfluß*.
36. Der *Einflußbereich* zeigt die Reichweite des Einflusses.
37. *Energiegeladen* heißt dynamisch.
38. Die *Entschlußkraft* ist die Fähigkeit, im notwendigen Moment eine Entscheidung treffen zu können.
39. Ein Mensch muß Nahrung zu sich nehmen, d. h. *sich ernähren*.
40. Der *Erwerb* ist das, was man durch Arbeit oder Handel verdient, erwirbt.
41. Der *Existenzkampf* hat die Sicherung des Lebens und des Lebensunterhalts durch Arbeit zum Ziel.

42. *Erziehung* ist die allmähliche Einordnung eines jungen Menschen in die menschliche Gesellschaft durch Elternhaus, Schule, Berufsausbildung.
43. *Faulenzen* heißt nicht arbeiten, auf der Bärenhaut liegen, nichts tun und den lieben Gott einen guten Mann sein lassen.
44. Die *Freizeitbeschäftigung* ist die Tätigkeit, die man häufig oder gern ausübt, wenn man nicht zu arbeiten braucht.
45. Eine *Geduldsarbeit* ist eine Arbeit, die gute Nerven, Ruhe, Bedächtigkeit und Zeit verlangt.
46. Das *Gehalt* ist die finanzielle Vergütung der Angestellten und Beamten
47. Ein *Gelegenheitsarbeiter* ist ein Mensch, der nur von Zeit zu Zeit eine Arbeit übernimmt.
48. Ein Kaufhaus ist ein Geschäft. Es gibt z. B. Lebensmittel-, Feinkost- und Bekleidungsgeschäfte.
49. Das *Gewerbe* der Schmiede stirbt allmählich aus.
50. Schuhmacher, Schmiede, Schlosser, Schneider, Schreiner usw. sind *Handwerker*.
51. Jede Arbeit, die mit der Hand gemacht wird oder gemacht werden muß, ist eine *Handarbeit*.
52. Ein *Hilfsarbeiter* ist ein Arbeiter, der keinen Beruf erlernt hat und so als ungelernter Arbeiter den Facharbeitern zur Hand gehen muß.
53. Man kann sich einem Beruf *hingeben*, d. h. sich ihm mit Leib und Seele widmen.
54. Siehe 53.
55. Das *Hobby* ist die Beschäftigung, mit der man seine Freizeit ausfüllt. Siehe 25 und 44.
56. Das *Interesse* an einem Beruf ist die Anteilnahme für diesen Beruf.
57. *Job* ist ein Ausdruck für eine Beschäftigung, die nur als Tätigkeit zum Erwerb des Lebensunterhalts und nicht als Lebensaufgabe gesehen wird.
58. Die *Karriere* sind die einzelnen beruflichen Stationen, die man in einer höheren Berufslaufbahn zu erreichen und zu überwinden hat, bevor man die mögliche Spitze erreicht.
59. Finanzielle Aufwendungen werden auch *Kosten* genannt.
60. Die *Krankenversicherung* bietet bei Zahlung regelmäßiger monatlicher Beiträge finanzielle Hilfe und finanziellen Schutz bei Krankheiten.
61. Die *Laufbahn* ist der berufliche Lebensweg.
62. Ein Beruf, der einen sein ganzes Leben ausfüllen kann, ist ein *Lebensberuf*.
63. Der *Lebensinhalt* ist das, was nach jeweilig verschiedener Vorstellung ein Mensch aus seinem Leben macht oder machen will.

64. Manche Firmen oder Institutionen garantieren eine *Lebensstellung*, d. h. man arbeitet in dieser Firma oder Institution bis zu seiner Pensionierung.
65. Der *Lebensunterhalt* ist die Summe, die man zur Bestreitung der Lebenshaltungskosten braucht.
66. Der *Lebensweg* zeigt, was man in seinem Leben getan hat.
67. Wenn ein Mensch sein ganzes Leben der Erfüllung einer Aufgabe gewidmet hat, dann ist das Ergebnis sein *Lebenswerk*.
68. Der *Lohn* ist die finanzielle Vergütung für eine Arbeit. Siehe 8 und 46.
69. Der *Machtbereich* deckt sich ungefähr mit dem Einflußbereich (siehe 36), aber Macht bezeichnet eine Kraft, eine Gewalt, die durch die eigene Stärke und Stellung bedingt ist und mehr als nur Einfluß auszuüben vermag.
70. Ein *Nichtsnutz* ist ein Mensch, der zu nichts nütze ist, der also weder durch Arbeit noch private Lebensführung etwas für die Gemeinschaft leistet.
71. Die *Pension* ist die durch eine lebenslange Berufstätigkeit erworbene Altersversorgung des Beamten, in deren Genuß er etwa im 65. Lebensjahr kommt und die heutzutage ungefähr 70 Prozent seines letzten Einkommens ausmacht.
72. Siehe 82.
73. Die *Qualifikation* ist die Eignung, die Befähigung zu einem Beruf.
74. *Rege* heißt wachsam, lebendig, aktiv und tüchtig.
75. Die *Rente* ist die Altersversorgung eines Angestellten oder Arbeiters.
76. Ein Mensch spielt in der Gesellschaft eine *Rolle*, wenn diese Gesellschaft durch ihn maßgeblich geprägt oder beeinflußt wird.
77. *Schaffen* heißt etwas hervorbringen, etwas leisten, etwas Positives tun.
78. Ein Mensch ist körperlich und geistig *schwerfällig*, wenn seine geistigen und körperlichen Aktionen langsam, umständlich und träge sind.
79. Wenn man sich zu einer Tätigkeit berufen fühlt, wenn ein innerer Drang zu dieser Tätigkeit treibt, dann fühlt man eine *Sendung* (Berufung) zu dieser Tätigkeit.
80. Wenn einem eine Tätigkeit, bei der man viel und lange sitzen muß, behagt, dann hat man ein gutes *Sitzfleisch*.
81. *Steckenpferd* ist das deutsche Wort für Hobby (siehe 55).
82. Die *Stellung* ist die Position, die man im Beruf oder in der Gesellschaft einnimmt.

83. Ein *Stubenhocker* hat kein Verlangen nach frischer Luft und Tätigkeit im Freien.
84. Ein *tätiger* Mensch ist aktiv, er arbeitet fleißig, gern und viel.
85. Ein *Tatmensch* besitzt die Gabe der Entschlußfreudigkeit und das Verlangen nach aktiver Betätigung.
86. Die *Trägheit* eines Menschen zeigt sich in Unentschlossenheit, Schwerfälligkeit, mangelnder Aktionsfreudigkeit, Langsamkeit und Interesselosigkeit.
87. Wenn es jemandem schwerfällt, Entscheidungen zu treffen, dann zeugt das von Unentschlossenheit.
88. Ein Mensch ist *unternehmend*, wenn er Ideen und Pläne rasch und zielbewußt realisiert.
89. Der *Unternehmer* ist der Leiter oder Besitzer einer Firma.
90. Ein Tatmensch (siehe 85) besitzt auch *Unternehmungslust* (siehe 88).
91. Siehe 88 und 90.
92. Wenn ein Mensch gewillt ist, Verantwortung zu übernehmen, besitzt er *Verantwortungsfreude*.
93. *Verdienen* heißt Geld durch Handel oder Arbeit erwerben.
94. Der *Verdienst* ist das, was man verdient.
95. Das *Verdienst* ist die Leistung, die man vollbracht hat.
96. Wenn man zu spät feststellt, daß man für einen Beruf nicht geeignet ist, dann hat man seinen Beruf *verfehlt*.
97. Ein junger Mensch ist *wendig*, wenn er geschickt zu handeln und schnell zu reagieren versteht.
98. Die *werktätigen* Menschen sind die arbeitenden Menschen.
99. Man *widmet* sich einer Sache, wenn man viel von seiner Zeit und Energie für diese Sache aufwendet.
100. *Wirken* heißt tätig sein.
101. Der *Wirkungskreis* wird durch Aufgabenbereich (siehe 10), Einflußbereich (siehe 36) und Machtbereich (siehe 69) bestimmt.

Wendungen:

es bietet sich ihm ein weites Arbeitsfeld
Müßiggang ist aller Laster Anfang (Sprw.)
Erst die Arbeit, dann das Vergnügen (Sprw.)
einen Wirkungskreis wählen
eine Laufbahn einschlagen
ein Geschäft gründen

sich auf einen Beruf vorbereiten
sich in den Dienst einer Sache stellen
sich beschäftigen mit
eintreten für etwas
sich mit einer Sache befassen
einem Beruf, einer Arbeit, einem Job nachgehen
berufstätig sein
im Berufsleben stehen
einen Posten, ein Amt bekleiden
eine Stellung innehaben
von schnellem Entschluß sein
sich etwas zur Aufgabe machen
sich zu einer Sache berufen fühlen
mit Lust und Liebe bei der Arbeit sein
einem Beruf gerecht werden
auf der faulen Haut, auf der Bärenhaut liegen
sich auf seinen Lorbeeren ausruhen
der Arbeit aus dem Weg gehen
sich aufs Ohr legen
nicht einen Funken Erfolg haben
seinen Beruf verfehlen
den Anschluß verpassen
auf keinen grünen Zweig kommen
seine Hand im Spiele haben
in Erfüllung gehen
Karriere machen
sich ins Zeug legen
eine Stufe höher klettern
die Konkurrenz verdrängen
einen anderen überflügeln
sich mit ganzer Kraft einsetzen
dem Leben einen Sinn geben
den Lebensunterhalt verdienen
seine Pflicht und Schuldigkeit tun
schöpferische Kraft besitzen
Durchschnitt sein
über dem Durchschnitt stehen
einen Eignungstest machen
sich an den Berufsberater wenden

sich nicht unterkriegen lassen
das Ziel nicht aus den Augen verlieren
eine Position, Stellung erringen
seinen Neigungen, Interessen nachgehen
sich seine Chancen ausrechnen
einen Beruf ausüben
Geld verdienen
getäuschte Erwartungen
gescheiterte Hoffnungen
ein freier Beruf
der Ernst des Lebens
ein geistiger Arbeiter
der graue Alltag
eine körperliche, geistige, langweilige, interessante usw. Tätigkeit

Aufgaben und Fragen:

a. Charakterisieren Sie kurz die wichtigsten Berufsarten!
   Was bestimmt Ihrer Ansicht nach die Berufswahl?
   Welche Überlegungen haben Ihre Berufswahl bestimmt?
   Gibt es Berufe, die keine Zukunft haben? Wie kommt es dazu?

b. Was halten Sie von der Forderung: Gleichheit der Bildungschancen?
   Formt der Beruf den Menschen?
   Wie beurteilen Sie den Beruf des Soldaten?
   Ist Beschäftigung mit und aktive Teilnahme an der Politik ein Beruf?
   Unterliegt die Einstellung manchen Berufen gegenüber einem Wandel?
   Beschreiben Sie diesen Wandel und suchen Sie eine Erklärung dafür!

JUGEND – ALTER

Wortmaterial:

1. abgeklärt
2. alt
3. altern
4. das Alter
5. die Alterserscheinung, –en
6. das Altersheim, –e
7. die Altersrente, –n
8. die Altersschwäche, –n
9. die Altersweisheit
10. das Alterswerk, –e
11. die Alterswürde
12. altjüngferlich
13. ausgedient
14. ausgereift

15. der Bart, ⸚e
16. bartlos
17. bejahrt
18. betagt
19. ehrwürdig
20. ergrauen
21. erwachsen
22. die Flegeljahre (Pl.)
23. gereift
24. grauhaarig
25. grauköpfig
26. der Greis, -e
27. das Greisenalter
28. greisenhaft
29. die Greisin, -nen
30. die Großmutter, ⸚
31. der Großvater, ⸚
32. der Halbstarke, -n
33. halbwüchsig
34. heranwachsen
35. hinfällig
36. die Jugend
37. die Jugendkraft, ⸚e
38. die Jugendfrische
39. jugendlich
40. die Jugendsünde, -n
41. die Jugendtorheit, -en
42. der Jugendtraum, ⸚e
43. die Jugendzeit
44. jungenhaft
45. der Jüngling, -e
46. die Kindheit
47. die Kinderstube, -n
48. die Kinderzeit
49. kindlich
50. der Knabe, -n
51. der Knabenstreich, -e
52. kräftig
53. das Küken, -

54. der Lebensabend
55. die Lebensmitte
56. das Mädchen, -
57. männlich
58. die Manneskraft
59. mündig
60. die Mündigkeit
61. das Mütterchen, -
62. die Pension, -en
63. die Persönlichkeit, -en
64. die Pubertät
65. reif
66. die Reife
67. die Reifezeit
68. die Rente, -n
69. der Ruhestand
70. runzelig
71. das Säuglingsalter
72. die Schulzeit
73. senil
74. die Senilität
75. stark
76. steinalt
77. der Stimmbruch
78. der Stimmwechsel
79. der Teenager, -
80. der Twen, -s
81. unterentwickelt
82. unerfahren
83. die Unmündigkeit
84. unreif
85. die Unreife
86. verbittert
87. verbraucht
88. verfallen
89. vergrämt
90. vergreisen
91. verkalkt
92. die Verkalkung

93. verlebt
94. verrostet
95. das Wachstum
96. weise
97. die Wiege, –n

Erklärungen zum Wortmaterial:
1. Wenn ein Mensch ein gewisses Alter erreicht hat, zu einer Persönlichkeit gereift ist, viel Lebenserfahrung gewonnen hat und nicht mehr so leicht durch Kleinigkeiten und Nebensächlichkeiten in seinem Verhalten und Urteil beeinflußt wird, nennt man ihn *abgeklärt*.
2. Wenn man schon viele Jahre lebt, ist man *alt*.
3. *Altern* heißt alt werden.
4. Das *Alter* bezeichnet die Zahl der Lebensjahre und den letzten Abschnitt des Lebens.
5. Mit dem Alter zeigen sich körperliche und manchmal auch geistige Schwächen, die man als *Alterserscheinungen* zu bezeichnen pflegt.
6. Alte Menschen, die keine Familie mehr haben, die für sie sorgen können oder wollen, verbringen ihren Lebensabend in einem *Altersheim*.
7. Die *Altersrente* ist die Rente, die man im Alter bezieht.
8. Mit dem Alter wird die körperliche Konstitution schwächer, das ist die *Altersschwäche*.
9. Wenn auch der Körper im Alter schwächer wird, so kann doch der Geist zunehmend reifen und eine *Altersweisheit* erreichen, die sich durch Ausgewogenheit und Tiefe der Gedanken auszeichnet.
10. Das *Alterswerk* eines Dichters sind die Werke, die er im Alter geschaffen hat.
11. Das Alter hat eine besondere *Würde*.
12. Eine unverheiratete Frau, die im Lauf der Zeit in der Kleidung altmodisch, in der Sprache umständlich und affektiert und in ihren Interessen beschränkt wird, nennt man *altjüngferlich*.
13. Wer lange genug gedient hat, hat *ausgedient*. Das Wort bezeichnet aber auch die Tatsache, daß ein weiteres Dienen z. B. wegen Altersschwäche nicht mehr möglich ist.
14. *Ausgereift* heißt wirklich reif.
15. Der *Bart* ist der Haarwuchs auf den Wangen und dem Kinn.
16. *Bartlos* heißt ohne Bart.
17. *Bejahrt* heißt reich an Jahren, d. h. alt.
18. *Betagt* heißt reich an Tagen, also alt.
19. Ein alter Mensch hat ein *ehrwürdiges* Aussehen, wenn seine Erscheinung einen bedeutenden Eindruck macht.

20. *Ergrauen* heißt graue Haare bekommen, alt werden.
21. Wenn ein Mensch die körperliche und geistige Reife und ein gewisses Maß an Lebenserfahrung hat, ist er *erwachsen*.
22. Die *Flegeljahre* sind die Jahre der Jugend, in denen man zu allerlei Streichen aufgelegt ist.
23. *Gereift* heißt zur Reife gelangt.
24. *Grauhaarig* ist ein Mensch mit grauen Haaren.
25. *Grauköpfig* (siehe 24).
26. Ein *Greis* ist ein sehr alter Mann.
27. Das *Greisenalter* ist die Zeit des hohen Alters.
28. *Greisenhaft* heißt wie ein Greis.
29. Eine *Greisin* ist eine sehr alte Frau.
30. Die *Großmutter* ist die Mutter des Vaters oder der Mutter.
31. Der *Großvater* ist der Vater des Vaters oder der Mutter.
32. Ein *Halbstarker* ist ein junger Mann, der durch Benehmen und Kleidung auffallen möchte.
33. Ein *halbwüchsiger* Mensch ist noch nicht erwachsen.
34. Junge Menschen *wachsen heran*, d. h. sie werden schließlich erwachsen.
35. Ein Mensch ist *hinfällig*, wenn er körperlich oder geistig sehr schwach ist.
36. Die *Jugend* ist die Zeit des Heranwachsens zum Erwachsenen.
37. Da die Jugend in der Regel gesund und kräftig ist, spricht man von *Jugendkraft*.
38. Der Ausdruck *Jugendfrische* bezeichnet die Unverbrauchtheit der Jugend.
39. *Jugendlich* heißt der Jugend gemäß.
40. Eine Sünde, die typisch für einen Jugendlichen ist, ist eine *Jugendsünde*, die als solche vielleicht nicht zu hart zu bestrafen ist.
41. Eine *Jugendtorheit* ist eine in der Jugend begangene Dummheit.
42. Ein *Jugendtraum* ist ein Traum, den man schon immer in der Jugend gehabt hat und dessen Verwirklichung im Leben man erhofft.
43. Die *Jugendzeit* ist die Zeit, in der man noch nicht erwachsen war.
44. Ein Verhalten, das typisch für einen Jungen ist, ist *jungenhaft*.
45. Ein *Jüngling* ist ein noch nicht erwachsener junger Mann.
46. Die *Kindheit* ist die Zeit, in der man Kind war.
47. Ein Mensch hat keine *Kinderstube*, wenn sein Benehmen gute Erziehung vermissen läßt.
48. Die *Kinderzeit* ist die Kindheit (siehe 46).
49. Ein Verhalten wie ein Kind ist *kindlich*.
50. *Knabe* ist ein poetisches, veraltetes Wort für Junge.

51. Unter einem *Knabenstreich* versteht man die etwas ungehörige Tat eines Jungen.
52. Ein *kräftiger* Mensch ist stark und voller Kraft.
53. Ein *Küken* ist ein gerade aus dem Ei gekrochenes Huhn. Im übertragenen Sinne wird damit das jüngste Mitglied einer Familie oder Gruppe bezeichnet.
54. Der *Lebensabend* ist die Zeit des Alters.
55. Die *Lebensmitte* ist z. B. das Mannesalter.
56. Ein *Mädchen* ist eine noch nicht erwachsene junge Frau.
57. Er ist eine *männliche* Erscheinung, d. h. er sieht wirklich wie ein Mann aus.
58. Die *Manneskraft* ist die Kraft des Mannes im besten Mannesalter.
59. Ein junger Mensch wird *mündig*, sobald er großjährig ist, d. h. sobald er juristisch eine Person ist, die für ihre Taten haftet.
60. Die *Mündigkeit* ist die Großjährigkeit, d. h. das Erreichen der Altersgrenze, die dem Menschen erlaubt, z. B. Verträge rechtsgültig abzuschließen.
61. Unter *Mütterchen* versteht man eine alte, kleine Frau, die liebenswert ist, aber hilfsbedürftig.
62. Die *Pension* ist der regelmäßige Bezug einer bestimmten Geldsumme, nachdem der Beamte seine Altersgrenze erreicht hat.
63. Ein Mensch, der mit Willenskraft und Charakter etwas im Leben erreicht hat, ist eine *Persönlichkeit*.
64. Die *Pubertät* ist die Zeit der endgültigen körperlichen Reifung, die auch bestimmte geistig-seelische Umwandlungen bewirkt.
65. Ein Mensch ist *reif*, wenn er geistig und körperlich zu einer eigenständigen Persönlichkeit geworden ist.
66. *Reife* ist der Ausdruck für die Fähigkeit eines Menschen, sein Leben selbst in die Hand zu nehmen.
67. Die Jugendzeit ist meistens die *Reifezeit*.
68. Die *Rente* ist die finanzielle Altersversorgung der Angestellten.
69. Wenn ein Beamter oder Soldat seinen Dienst wegen der Erreichung der Altersgrenze quittiert hat, ist er im *Ruhestand*.
70. Ein Gesicht voller Falten ist *runzelig*.
71. Ein Baby von 1–30 Wochen ist im *Säuglingsalter*.
72. Die *Schulzeit* ist die Zeit, während der man eine Schule besucht hat.
73. *Senil* heißt geistig und körperlich altersschwach.
74. Die *Senilität* ist die Greisenhaftigkeit.
75. *Stark* heißt kräftig.

76. *Steinalt* heißt sehr alt.
77. Der *Stimmbruch* ist die Umformung der Stimmlage im Verlauf der Pubertät.
78. Der *Stimmwechsel* ist der Stimmbruch.
79. Ein *Teenager* ist ein Jugendlicher zwischen 13 und 19 Jahren (meistens für Mädchen gebraucht).
80. Der *Twen* ist ein junger Mann zwischen 20 und 29 Jahren (jetzt in der Regel unter 20 Jahren).
81. *Unterentwickelt* ist ein Kind, wenn es infolge körperlicher oder geistiger Krankheiten hinter seinen Altersgenossen zurückgeblieben ist.
82. Wer keine Erfahrungen hat, ist *unerfahren*.
83. Die *Unmündigkeit* bezeichnet die Zeit, in der ein Mensch noch nicht berechtigt ist, als juristische Person aufzutreten.
84. *Unreif* heißt nicht reif.
85. Die *Unreife* ist das Gegenteil von Reife (siehe 66).
86. Wenn ein Mensch auf Grund schlechter Erfahrungen, von Mißerfolgen und häufigem Unglück seinen Glauben an das Glück verloren hat, dann ist er *verbittert*.
87. Ein Mensch ist *verbraucht*, wenn er körperlich oder geistig-seelisch seine Spannkraft verloren hat.
88. Ein alter Mensch, der zudem noch sehr krank ist, *verfällt* zusehends.
89. Ein Mensch, in dessen Gesicht sich zeigt, daß er viele Sorgen gehabt hat, sieht *vergrämt* aus.
90. *Vergreisen* heißt, wie ein Greis werden.
91. Wenn sich infolge des Alters in den Arterien Kalk abgelagert hat und die geistige und körperliche Kraft nachläßt, so daß man merklich alt wird, dann ist man *verkalkt*.
92. Die *Verkalkung* ist eine Alterserscheinung (siehe 91).
93. Manche Menschen, die das Leben ungezügelt genossen und sich vielen Lastern hingegeben haben, sehen *verlebt* aus.
94. Ein Mensch ist *verrostet* oder verkalkt (siehe 91).
95. Ein junger Mensch steht noch mitten im *Wachstum*.
96. Ein Mensch, der Verstand mit Vernunft, Erfahrung und Gelassenheit vereinigt, ist *weise*.
97. Die *Wiege* ist das erste kleine, meist schaukelbare Bett, in das der Säugling gelegt wird.

Wendungen:

Jugend hat keine Tugend (Sprw.)
Was ein Häkchen werden will, krümmt sich beizeiten (Sprw.)
Jung gewohnt, alt getan (Sprw.)
Alter schützt vor Torheit nicht (Sprw.)
Wie die Alten sungen, so zwitschern die Jungen (Sprw.)
Was Hänschen nicht lernt, lernt Hans nimmermehr (Sprw.)
Jugend ist Trunkenheit ohne Wein (Goethe)
Was man in der Jugend wünscht, hat man im Alter die Fülle (Goethe)
Schnell fertig ist die Jugend mit dem Wort (Schiller)
er spricht wie ein Alter
man ist so alt, wie man sich fühlt
das Alter muß man ehren
Alter gibt Erfahrung
dem Elternhaus, den Kinderschuhen entwachsen
nicht trocken, noch feucht hinter den Ohren sein
noch nicht flügge sein
in die Jahre kommen
mit einem Fuß im Grab stehen
an der Pforte des Jenseits stehen
hinfällig werden
die ersten Alterserscheinungen zeigen
ein erfülltes Leben gehabt haben
den Lebensabend genießen, verbringen
alt werden können
der Frühling des Lebens
des Lebens Mai
von Kindesbeinen an
von Jugend auf
eine blühende, goldene, frühe, zarte, studentische, moderne, sorglose, reifere, skeptische Jugend
die Jugend von heute
am Zenit des Lebens
die Bürde des Alters, der Jahre
alt wie Methusalem
mit grauen Schläfen
ein hohes, jugendliches, blühendes, biblisches, ehrwürdiges Alter
mit jugendlichem Schwung

das Vorrecht der Jugend
»Die skeptische Generation«
der Idealismus der Jugend
die junge Generation

Aufgaben und Fragen:
a. Beschreiben Sie die Vorteile und Nachteile der Jugend!
   Beschreiben Sie die Vorteile und Nachteile des Alters!
b. Gibt es ein Generationenproblem?
   Jugend – Alter: Ergänzung oder Widerspruch?
   Sollte man die Großjährigkeit von der Bildung oder vom Alter abhängig machen?
   Warum ist das Altern ein Problem?

THEATER

Wortmaterial:

1. der Abgang, ⸚e
2. abtreten
3. der Akt, -e
4. die Aufführung, -en
5. auftreten
6. der Auftritt, -e
7. der Aufzug, ⸚e
8. die Ausstattung, -en
9. der Balkon, -e
10. der Beleuchter, -
11. die Belustigung, -en
12. die Besetzung, -en
13. das Bild, -er
14. die Bühne, -n
15. der Bühnenarbeiter, -
16. die Bühnenausbildung
17. die Bühnenbearbeitung, -en
18. der Bühnenbildner, -
19. der Bühnenentwurf, ⸚e
20. die Bühnenerfahrung
21. der Bühnenerfolg, -e
22. die Bühnenkunst
23. der Bühnenmaler, -
24. der Bühnenraum, ⸚e
25. das Bühnenstück, -e
26. bühnenwirksam
27. die Bühnenwirkung
28. der Charakterdarsteller, -
29. darstellen
30. der Darsteller, -
31. darstellerisch
32. die Darstellung, -en
33. das Debüt, -s
34. der Dichter, -
35. die Dichtung, -en
36. das Drama, Dramen
37. dramatisch
38. der Dramaturg, -en
39. die Dramaturgie
40. die Drehbühne, -n

41. die Einbildung
42. die Einbildungskraft
43. einstudiert
44. das Engagement, -s
45. das Ensemble, -s
46. erdichten
47. die Erheiterung
48. die Erstaufführung, -en
49. das Gastspiel, -e
50. gekünstelt
51. gemacht
52. die Gesellschaftskomödie, -n
53. gestalten
54. die Hauptrolle, -n
55. der Heldendarsteller, -
56. der Hintergrund
57. der Idealist, -en
58. die Illusion, -en
59. inszenieren
60. die Inszenierung, -en
61. der Intendant, -en
62. der Intrigant, -en
63. die Kammerspiele (Pl.)
64. der Komiker, -
65. komisch
66. das Komödiantenblut
67. die Komödie, -n
68. das Kostüm, -e
69. der Kritiker, -
70. die Kulisse, -n
71. der Kulissenschieber, -
72. der Künstler, -
73. kurzweilig
74. das Laienspiel, -e
75. das Lehrstück, -e
76. die Loge, -n
77. das Lustspiel, -e
78. die Maske, -n
79. der Maskenbildner, -

80. das Mienenspiel
81. der Mime, -n
82. mimisch
83. die Naive, -n
84. die Nebenrolle, -n
85. die Neueinstudierung, -en
86. das Parkett
87. die Perücke, -n
88. das Phantasiegebilde, -
89. phantasiereich
90. phantastisch
91. die Pose, -n
92. die Premiere, -n
93. die Probe, -n
94. der Prolog, -e
95. das Publikum
96. das Rampenlicht
97. der Rang, ⸚e
98. die Realität, -en
99. die Regie
100. die Regieführung
101. der Regisseur, -e
102. das Requisit, -en
103. die Rolle, -n
104. das Rollenstudium
105. die Rollenverteilung
106. die Routine
107. das Schauspiel, -e
108. der Schauspieler, -
109. schauspielerisch
110. das Schauspielhaus, ⸚er
111. die Schauspielkunst
112. die Schauspielschule, -n
113. die Schauspieltruppe, -n
114. der Scheinwerfer, -
115. die Schminke
116. der Schnürboden
117. schöpferisch
118. der Schwärmer, -

119. die Sentimentale, -n
120. der Souffleur, -e
121. die Souffleuse, -n
122. das Spiel, -e
123. spielen
124. der Spielleiter, -
125. der Spielplan, ⸚e
126. der Statist, -en
127. das Stichwort, -e
128. das Stück, -e
129. die Szene, -n
130. das Theater, -
131. der Theaterbesucher, -
132. der Theaterdirektor, -en
133. der Theatereffekt, -e
134. der Theaterfriseur, -e
135. die Theaterkritik, -en
136. die Theaterwissenschaft
137. die Titelrolle, -n
138. tragikomisch
139. tragisch
140. die Tragödie, -n
141. die Trampelloge, -n

142. das Trauerspiel, -e
143. die Traumwelt
144. unecht
145. unnatürlich
146. die Unterhaltung
147. unwirklich
148. die Unwirklichkeit
149. die Uraufführung, -en
150. urteilen
151. der Verfremdungseffekt, -e
152. das Vergnügen
153. verkörpern
154. die Versenkung
155. der Vordergrund
156. der Vorhang, ⸚e
157. das Vorspiel, -e
158. die Vorstellung, -en
159. das Zeitstück, -e
160. der Zeitvertreib
161. die Zerstreuung, -en
162. das Zimmertheater, -
163. der Zuschauer, -
164. der Zuschauerraum, ⸚e

Erklärungen zum Wortmaterial:

1. Wenn ein Schauspieler während einer Szene die Bühne zu verlassen hat, dann hat er einen *Abgang*.
2. Ein Schauspieler *tritt* z. B. nach einem Monolog *ab*, d. h. er geht zum Hintergrund der Bühne oder verläßt sie ganz und überläßt anderen Schauspielern den Raum.
3. Ein *Akt* ist ein in sich geschlossener, deutlich erkennbarer Hauptabschnitt in einem Drama.
4. Die *Aufführung* ist die Darbietung eines Theaterstückes.
5. *Auftreten* heißt die Bühne zum Spiel betreten.
6. Ein *Auftritt* ist eine Szene (siehe 129).
7. Ein *Aufzug* ist ein Akt (siehe 3).
8. Zur *Ausstattung* gehören alle die optische Illusion verstärkenden Dinge, wie z. B. Dekoration, Kulissen, Mobiliar, Requisiten, Kostüme, Beleuchtung usw.

9. Im Theater ist der *Balkon* ein vorgebauter Gebäudeteil, in dem sich Sitzplätze befinden.
10. Der *Beleuchter* ist der Bühnenarbeiter, der die Lampen zu bedienen hat.
11. Komische Einlagen dienen zur *Belustigung* des Publikums.
12. Unter *Besetzung* versteht man die Wahl der Schauspieler für die einzelnen Rollen, die vom Regisseur vorgenommen wird.
13. Ein *Bild* ist z. B. eine Szene (siehe 129).
14. Die *Bühne* ist der Teil des Theaters, auf dem das Stück gespielt wird.
15. Beleuchter oder Kulissenschieber sind *Bühnenarbeiter*.
16. Die *Bühnenausbildung* ist die in der Schauspielschule und am Theater erworbene Ausbildung zum Schauspieler.
17. Die *Bühnenbearbeitung* ist die Anpassung eines Stückes an die Notwendigkeiten und Möglichkeiten einer Bühnenaufführung.
18. Der *Bühnenbildner* ist für die Dekoration und Ausstattung verantwortlich.
19. Ein *Bühnenentwurf* ist ein Vorschlag zur Ausstattung der Bühne bei einem bestimmten Stück.
20. Nur Schauspieler, die jahrelang auf der Bühne gestanden haben, besitzen wirklich *Bühnenerfahrung*.
21. Wenn ein für die Bühne bearbeitetes Stück ein Publikumserfolg wird, dann hat es einen *Bühnenerfolg* errungen.
22. Die *Bühnenkunst* ist die Theaterkunst.
23. Der *Bühnenmaler* ist ein Bühnenarbeiter, der die Entwürfe des Bühnenbildners auszuführen hat.
24. Der *Bühnenraum* ist der gesamte Raum der Bühne.
25. Ein *Bühnenstück* ist ein Theaterstück.
26. Stücke, die den Erfordernissen der Bühne gerecht werden, sind meist auch *bühnenwirksam*.
27. Siehe 26.
28. Ein *Charakterdarsteller* besitzt die Gabe, einen vom Dichter scharf gezeichneten, individuellen Charakter auf der Bühne überzeugend darzustellen.
29. *Darstellen* heißt, eine vom Dichter erfundene Person auf der Bühne spielen.
30. Der *Darsteller* ist der Schauspieler.
31. Die überzeugende *Darstellung* eines Charakters auf der Bühne ist eine darstellerische Leistung.
32. Siehe 31.
33. Das *Debüt* ist das erste öffentliche Auftreten eines Schauspielers.

34. Ein *Dichter* ist ein Schöpfer von Sprachkunstwerken.
35. *Dichtung* ist die höchste Kunstform der Sprache.
36. Ein *Drama* ist ein auf Dialog und Monolog aufgebautes Theaterstück.
37. Ein Schauspiel in knapper, spannungsreicher Form ist *dramatisch*. Daneben werden Reden, Berichte oder Ereignisse, die mit Leidenschaft oder Spannung erfüllt sind, ebenfalls dramatisch genannt.
38. Einem *Dramaturgen* obliegt die theaterwissenschaftliche und künstlerische Beratung der Theaterleitung.
39. Die *Dramaturgie* umfaßt die Tätigkeit des Dramaturgen und Regisseurs.
40. Eine *Drehbühne* ermöglicht einen schnellen Wechsel der Bühnenbilder.
41. In der *Einbildung* des Zuschauers gewinnt das Geschehen auf der Bühne den Charakter des Wirklichen.
42. Die *Einbildungskraft* ist die Gabe, innere Erlebnisse und frühere Erfahrungen im Geiste zu einer neuen, von der Wirklichkeit unabhängigen Einheit zu formen.
43. In vielen Proben wird eine Rolle *einstudiert*.
44. Das *Engagement* ist die feste Anstellung eines Künstlers für eine bestimmte Zeit.
45. Das *Ensemble* wird von allen an einem Theater engagierten Schauspielern gebildet.
46. *Erdichten* heißt, etwas in der Phantasie entwerfen.
47. Die *Erheiterung* des Publikums ist die Aufgabe der Spaßmacher.
48. Die *Erstaufführung* ist im Gegensatz zur Uraufführung (siehe 149) die erste Aufführung eines Stückes an einer bestimmten Bühne.
49. Ein *Gastspiel* ist das Auftreten von Künstlern an fremden Bühnen.
50. Wenn ein Schauspieler es nicht vermag, die Rolle zwanglos und natürlich darzustellen, wirkt sein Spiel *gekünstelt*.
51. Wenn etwas in einem Schauspiel zu sehr den Charakter des Konstruierten hat, dann wirkt diese Szene *gemacht*, d. h. sie ist nicht zu einer organischen Einheit verschmolzen.
52. Eine *Gesellschaftskomödie* legt in humorvoller oder satirischer Weise Schwächen der Gesellschaft bloß.
53. Wenn es einem Schauspieler gelingt, seine Rolle auszufüllen, dann *gestaltet* er sie.
54. Die *Hauptrolle* ist die wichtigste Rolle.
55. Der *Heldendarsteller* ist der Darsteller, der heldenhafte Rollen übernimmt.
56. Der *Hintergrund* ist der hintere Teil der Bühne.

57. Ein *Idealist* sucht nach reiner Verwirklichung erdachter Wertvorstellungen.
58. Die *Illusion* ist die durch äußere Mittel erreichte oder durch ein Wunschdenken hervorgerufene falsche Vorstellung.
59. Siehe 60.
60. Unter *Inszenierung* versteht man die gesamten Maßnahmen zur Aufführung eines Theaterstückes.
61. Der *Intendant* ist der von der Stadt, dem Land usw. angestellte, in künstlerischer und geschäftlicher Hinsicht verantwortliche Leiter eines Theaters.
62. Der *Intrigant* in einem Drama verursacht absichtliche oder zufällige Komplikationen, Verwicklungen, Ränke und Vertauschungen.
63. In den *Kammerspielen* spielt man kleinere Theaterstücke.
64. Ein *Komiker* belustigt die Zuschauer.
65. Alles, was *komisch* ist, wirkt erheiternd.
66. Ein Mensch besitzt *Komödiantenblut*, wenn er auf Grund von Vererbung oder Veranlagung zu einem unsteten Theaterleben neigt.
67. Eine *Komödie* ist ein komisches Bühnenstück, in dem die Scheinwerte der Gesellschaft oder die Unzulänglichkeiten des Menschenlebens in erheiternder Weise bloßgelegt werden.
68. Das *Kostüm* ist die besondere Kleidung der Schauspieler.
69. Ein *Kritiker* mißt Gegenstände oder Leistungen an bestimmten Maßstäben und beurteilt sie danach.
70. Eine *Kulisse* ist eine bewegliche Seitenwand oder ein aufziehbarer Hintergrund der Bühnendekoration.
71. Ein *Kulissenschieber* ist ein Bühnenarbeiter (siehe 70).
72. Maler, Bildhauer, Musiker, Sänger, Schauspieler, Dichter sind *Künstler*.
73. *Kurzweilig* ist das Gegenteil von langweilig und bedeutet unterhaltend.
74. Das *Laienspiel* ist die nicht von Berufsschauspielern veranstaltete volkstümliche Bühnenaufführung.
75. Ein *Lehrstück* benutzt die Kunstmittel zur Demonstration politischer oder sozialer Ideen mit der Absicht, die Zuschauer dafür zu gewinnen oder zumindest mit dem Problem zu konfrontieren.
76. Im Theater sind *Logen* abgetrennte Räume, in denen sich mehrere Sitzplätze befinden.
77. Lustspiel siehe 67.
78. Eine *Maske* ist eine Gesichtshülle, hinter der man sein eigenes Gesicht verbirgt.

79. Der *Maskenbildner* im Theater verändert durch Kostüm, Bart, Perücke und Schminke das Äußere des Schauspielers.
80. Das *Mienenspiel* (die Mimik) ist die Fähigkeit der Schauspieler, Gedanken, Gefühle, Willensäußerungen durch Gebärden und den Gesichtsausdruck zu verdeutlichen.
81. *Mime* ist ein veraltetes Wort für Schauspieler.
82. *Mimisch* heißt schauspielerisch.
83. Die *Naive* ist die Darstellerin kindlicher Mädchenrollen.
84. Siehe 54.
85. Eine *Neueinstudierung* ist eine Aufführung mit veränderter Rollenbesetzung und geänderter Inszenierung.
86. Das *Parkett* ist der untere Zuschauerraum.
87. Die *Perücke* ist eine künstliche Haartracht.
88. Ein *Phantasiegebilde* ist ein Werk der Einbildungskraft (siehe 42).
89. *Phantasiereich* heißt voller Ideen und Einfälle.
90. *Phantastisch* verwendet man für seltsam, unwirklich, aber auch umgangssprachlich als Superlativ für positive Eigenschaften.
91. Eine *Pose* ist eine gekünstelte Haltung.
92. Siehe 48.
93. *Proben* dienen als Vorbereitung für eine Theateraufführung.
94. Ein *Prolog* sind in einem Stück die gesprochenen Einleitungsworte.
95. Die Menschen, die einer Veranstaltung beiwohnen, bilden das *Publikum*.
96. Das *Rampenlicht* beleuchtet den vorderen Teil der Bühne.
97. Der *Rang* ist der hintere oder obere Teil des Zuschauerraumes.
98. Die *Realität* ist die Wirklichkeit, die jedoch ein mehrdeutiger philosophischer Grundbegriff ist und sowohl die Welt der Erlebnisse, die anschauliche Welt der Sinne oder die transzendentale Wirklichkeit bezeichnen kann.
99. Die *Regie* ist die Spielleitung beim Theater oder Film.
100. Die *Regieführung* obliegt dem Regisseur.
101. Der *Regisseur* ist der Spielleiter (siehe Seite 46, Nr. 54).
102. *Requisiten* sind die zur Aufführung eines Schauspieles erforderlichen Ausstattungsgegenstände.
103. Die *Rolle* ist eine Sprech- und Spielpartie eines Schauspiels (siehe 54 und 84).
104. Das *Rollenstudium* ist die erste Aufgabe des Schauspielers, bevor die Proben beginnen.
105. Eine Aufgabe des Regisseurs ist die *Rollenverteilung*, d. h. die Besetzung der Rollen mit Schauspielern.

106. Unter *Routine* versteht man die Bühnenerfahrung (siehe 20).
107. Ein *Schauspiel* ist jedes vor Zuschauern aufgeführte Spiel. Außerdem ist Schauspiel ein zusammenfassender Ausdruck für Trauerspiel und Lustspiel und daher gleichbedeutend mit Drama.
108. Der *Schauspieler* ist der Darsteller.
109. Die *schauspielerische* Begabung ist entscheidend für den beruflichen Erfolg als Schauspieler.
110. Das *Schauspielhaus* ist das Gebäude, in dem Schauspiele aufgeführt werden.
111. Die *Schauspielkunst* umschreibt die Fähigkeit, eine von einem Dichter erfundene Gestalt szenisch darzustellen.
112. In einer *Schauspielschule* kann man die Kunst der Darstellung bis zu einem gewissen Grade lernen.
113. Im 17. Jahrhundert zogen *Schauspieltruppen* von Ort zu Ort und gaben Gastspiele.
114. Ein *Scheinwerfer* ist eine starke elektrische Lichtquelle, die die Strahlen gebündelt auf einen bestimmten Platz fallen läßt.
115. *Schminke* ist ein Mittel zum Färben der Haut.
116. Der *Schnürboden* ist der Raum über der Bühne, wo die verschiedenen Kulissen und Hintergründe hängen.
117. Wer aus eigener Kraft etwas Neues schafft, arbeitet *schöpferisch*.
118. Ein *Schwärmer* hat kein Gefühl für einen gerechten Beurteilungsmaßstab, weil weniger der Verstand als das Gefühl beteiligt ist.
119. Die *Sentimentale* ist die Schauspielerin, die gefühlvolle, empfindsame Rollen darstellt.
120. Der *Souffleur* sitzt vorne unter der Bühne und bewahrt die Schauspieler vor dem Steckenbleiben, indem er ihnen den Text vorflüstert.
121. Feminine Form: siehe 120.
122. *Spiel* ist eigentlich eine zweckfreie Betätigung des Menschen; hier versteht man jedoch darunter das Schauspiel und die Darstellung.
123. *Spielen* heißt hier in diesem Zusammenhang darstellen.
124. Der *Spielleiter* ist der Regisseur (siehe 101).
125. Der *Spielplan* gibt an, welche Theaterstücke in der Saison in diesem Theater aufgeführt werden.
126. Ein *Statist* ist ein Darsteller auf der Bühne, der jedoch keine Rolle zu sprechen hat.
127. Das *Stichwort* ist das letzte Wort eines Schauspielers, das seinem Partner den Hinweis gibt, daß seine eigene Rede jetzt beginnen muß.

128. Das *Stück* ist das Theaterstück, das Schauspiel.
129. Die *Szene* ist die kleinste Aufbaueinheit im Drama. Mehrere Szenen (Auftritte) bilden einen Akt.
130. Das *Theater* ist das Schauspielhaus (siehe 110), aber auch die Aufführung, das Spiel.
131. Die *Zuschauer* sind die Theaterbesucher.
132. Der *Theaterdirektor* ist der Leiter des Theaters.
133. Der *Theatereffekt* ist ein besonders wirkungsvoller Einfall.
134. Dem *Theaterfriseur* obliegen die Pflege der Perücken und die Haartrachten der Schauspieler.
135. Eine *Theaterkritik* ist die Beurteilung eines Schauspiels und einer einzelnen Aufführung.
136. Die *Theaterwissenschaft* untersucht alle Gebiete der Bühnendarstellung und Aufführungstechnik sowie die Geschichte des Theaters.
137. die *Titelrolle* ist die Hauptrolle (siehe 54).
138. *Tragikomisch* wirkt die lebendige Verbindung und das Ineinander von Tragik und Komik.
139. Die Konfrontierung eines Menschen mit zwei Werten in der Art, daß er durch Befolgung des einen unvermeidlich den anderen verletzt, d. h. in jedem Falle schuldig wird, ist eine *tragische* Situation.
140. Die *Tragödie* ist ein Trauerspiel, in dem ein tragischer Konflikt dargestellt wird (siehe 139).
141. Die *Trampelloge* sind die billigsten Plätze (Stehplätze) in einem Theater.
142. Im *Trauerspiel* wird ein unvermeidlicher und unausgleichbarer Gegensatz gestaltet. Dieser führt notwendig zum Untergang des Helden (siehe 140).
143. Die im Traum geschaute und erlebte Welt ist die *Traumwelt*.
144. *Unecht* und *unnatürlich* werden die Darstellungen auf der Bühne häufig gescholten, da sie das Leben nicht in seiner Wirklichkeit zu zeigen vermögen, sondern nur eine scheinbare Wirklichkeit bieten.
145. Siehe 143.
146. Bloße *Unterhaltung* dient nur dem Geschmack eines anspruchslosen Publikums.
147. *Unwirklich* heißt nicht der Wirklichkeit gemäß (siehe 98).
148. Die *Unwirklichkeit* ist die Nichtwirklichkeit (siehe 98).
149. Die *Uraufführung* ist die allererste Aufführung eines vorher noch nie gespielten Stückes.
150. *Urteilen* heißt, eine begründete Meinung auf Grund bestimmter Wertmaßstäbe äußern.

151. Unter *Verfremdungseffekt* versteht man die besonders von Brecht geforderte Distanz des Schauspielers zu seiner Rolle im Gegensatz zu der im Illusionistischen Theater erstrebten Identifikation.
152. Das *Vergnügen* ist die durch ein heiteres Spiel hervorgerufene Gemütsstimmung.
153. Wenn sich ein Schauspieler mit seiner Rolle identifiziert, dann *verkörpert* er seine Rolle.
154. Die *Versenkung* ist die Vertiefung unter der Bühne.
155. Der *Vordergrund* ist der vordere Teil der Bühne.
156. Der *Vorhang* bildet den Abschluß der Bühne gegen den Zuschauerraum.
157. Das *Vorspiel* ist ein kurzes, meist einaktiges Schauspiel, das einem größeren Drama vorangeht und inhaltlich zu ihm in Beziehung steht.
158. Die *Vorstellung* ist die Aufführung.
159. In einem *Zeitstück* werden die aktuellen Probleme der Gegenwart behandelt.
160. Ein *Zeitvertreib* ist eine angenehme Unterhaltung, ohne gedanklich gefordert zu sein.
161. Eine Komödie bietet *Zerstreuung*, d. h. Ablenkung von den eigenen Problemen.
162. Das *Zimmertheater* ist eine kleinere Form des Kammerspiels (siehe 63).
163. Die *Zuschauer* bilden das Publikum.
164. Parkett, Rang und Loge bilden den *Zuschauerraum*.

Wendungen:

zum Theater gehen
ans Theater gehen
ins Theater gehen
das Theater eifrig besuchen
sich die Zeit vertreiben
auf die Bühne, auf die Bretter bringen
ein Stück geben, herausbringen, inszenieren, aufführen
auf den Spielplan setzen
Zuschauer sein
für die Bühne bearbeiten
Regie führen
eine Rolle spielen
sich etwas erträumen, vorstellen, ausdenken
die Phantasie spielen, laufen lassen

von sich reden machen
einen Mißerfolg erleiden
zur Aufführung kommen
das klassische, moderne, absurde, realistische Theater
eine tragende Rolle
das Zustandekommen von Spielplänen
eine sensationelle Inszenierung

Aufgaben und Fragen:

a. Was geschieht, bevor ein Schauspiel zum erstenmal aufgeführt wird? Beschreiben Sie!
 Was geschieht auf der Bühne?
 Was geschieht hinter, unter und über der Bühne? Was wissen Sie davon?
 Wie beurteilen Sie die Tätigkeit des Regisseurs?
b. In welchem Verhältnis steht das Theater zur Wirklichkeit?
 Das Theater ist die tägliche Reflexion des Menschen über sich selbst (Novalis). Erklären Sie diesen Ausspruch.
 Ist es gerechtfertigt, daß der Staat die Theater subventioniert?

SCHULE UND AUSBILDUNG

Wortmaterial:

1. das Abendgymnasium, -ien
2. die Abendrealschule, -n
3. das Abitur
4. das Abschlußzeugnis, -se
5. Allgemeinbildende Schulen
6. das Aufbaugymnasium, -ien
7. die Aufbaurealschule, -n
8. die Ausbildung
9. die Ausbildungsbeihilfe, -n
10. die Auslese
11. die Begabtenprüfung, -en
12. Begabungsreserven
13. die Bekenntnisschule, -n
14. die Berufsaufbauschule, -n
15. die Berufsausbildung
16. Berufsbegleitende Schulen
17. die Berufsberatung
18. Berufsbildende Schulen
19. die Berufsfachschule, -n
20. die Berufsschule, -n
21. die Berufsschulpflicht
22. die Bildung
23. die Didaktik
24. die Differenzierung
25. die Dreigliedrigkeit des Schulwesens
26. die Durchlässigkeit
27. das Einschulungsalter
28. der Elternbeirat, -̈e
29. das Elternrecht
30. Ergänzungsschulen
31. Ersatzschulen

32. der Erste Bildungsweg
33. die Erwachsenenbildung
34. die Erziehung
35. der Erziehungsberechtigte, -n
36. das Fach, ⸗er
37. Fachgebundene Hochschulreife
38. das Fachlehrerprinzip
39. die Fachschule, -n
40. die Fachschulreife
41. die Fakultätsreife
42. die Förderstufe, -n
43. Formale Bildung
44. die Frauenfachschule, -n
45. die Freizeit
46. die Fremdenprüfung, -en
47. der Fremdsprachenunterricht
48. die Ganzheitsmethode
49. die Gegenwartskunde
50. die Gemeinschaftskunde
51. die Gemeinschaftsschule, -n
52. die Grundschule, -n
53. der Gruppenunterricht
54. die Gymnasiallehrerausbildung
55. das Gymnasium, -ien
56. die Handelsschule, -n
57. die Hauptschule, -n
58. die Hochschule, -n
59. die Hochschulreife
60. die höhere Fachschule, -n
61. die höhere Schule
62. das Honnefer Modell
63. die Ingenieurschule, -n
64. die Konfessionsschule, -n
65. die Kulturhoheit der Länder
66. der Lehrherr, -en
67. der Lehrling, -e
68. die Lehrmittelfreiheit
69. die Lehrwerkstätte, -n
70. die Lernmittelfreiheit
71. Medizinische Akademie
72. die Methodik, -en
73. die Mittelpunktschule, -n
74. die Mittelschule, -n
75. Mittlere Reife
76. die Oberschule, -n
77. öffentliche Schulen
78. Pädagogische Akademien
79. Pädagogische Hochschulen
80. der Praktikant, -en
81. Privatschulen
82. die Probezeit, -en
83. Programmiertes Lernen
84. die Realschule, -n
85. die Reifeprüfung
86. das Reifezeugnis
87. der Religionsunterricht
88. die Schule, -n
89. die Schülermitverwaltung
90. die Schulgeldfreiheit
91. die Schulpflicht
92. das Schulrecht
93. die Sonderschule, -n
94. die Sozialkunde
95. die Sozialpädagogik
96. die Universität, -en
97. der Unterricht
98. die Volkshochschule, -n
99. die Volksschule, -n
100. die Volksschullehrerausbildung
101. die Volksschuloberstufe
102. der Zweite Bildungsweg

Erklärungen zum Wortmaterial:

1. Am *Abendgymnasium* können berufstätige Erwachsene in vier Jahren die Hochschulreife erlangen.
2. An der *Abendrealschule* werden berufstätige Erwachsene in drei Jahren zum Realschulabschluß geführt.
3. Siehe Reifeprüfung.
4. Nach dem erfolgreichen Besuch einer Schule bekommt man ein *Abschlußzeugnis*.
5. Es gibt zwei große Bereiche im Schulwesen: die *allgemeinbildenden* Schulen (Volksschule, Realschule, Gymnasium) und die berufsbildenden Schulen (Berufsschule, Fachschule, Ingenieurschule, höhere Fachschule).
6. *Aufbaugymnasien* sind Gymnasien, die – in den einzelnen Bundesländern sehr unterschiedlich – Schüler anderer Schultypen zur Hochschulreife führen.
7. In *Aufbaurealschulen* können Schüler, die nicht die normale Realschule besucht haben, den Realschulabschluß nachholen.
8. Unter *Ausbildung* versteht man in der Regel die konkrete Vorbereitung für einen Beruf.
9. Sind die Eltern oder die Unterhaltspflichtigen eines Jugendlichen nicht in der Lage, die Kosten der Schul- oder Berufsausbildung zu tragen, kann der Jugendliche eine Reihe von staatlichen *Ausbildungs- und Erziehungsbeihilfen* in Anspruch nehmen.
10. Im Erziehungswesen ist die *Auslese* ein Auswahlverfahren, das auf Grund von Intelligenztests, Aufnahmeprüfungen, Eignungsprüfungen und anderen Leistungsanforderungen den begabtesten Bewerbern die Zulassung zu einer bestimmten Schule erteilt oder den erfolgreichen Abschluß bescheinigt.
11. Durch die *Begabtenprüfung* kann z. B. in Nordrhein-Westfalen ein Erwachsener, der für ein bestimmtes Fachgebiet hervorragend befähigt ist, aber keine Reifeprüfung abgelegt hat, den Zugang zum Hochschulstudium erwerben.
12. Da in den einzelnen Bundesländern die Zahl der Gymnasiasten gleichen Jahrgangs sehr unterschiedlich ist, schließt man auf beträchtliche *Begabungsreserven*. 1961 besuchten insgesamt 12,8 % des Geburtsjahrganges 1946 das Gymnasium, in Niedersachsen 10,8 %, in Baden-Württemberg 15,8 %.
13. Die *Bekenntnisschule* ist eine Schulart, in der Lehrer wie Schüler derselben Konfession angehören. Abgesehen von einigen höheren Privat-

schulen gibt es in der Bundesrepublik die Aufteilung nach Bekenntnisschulen nur für die Volksschulen. In allen Bundesländern haben die Eltern die Wahl zwischen Bekenntnisschule und Gemeinschaftsschule.
14. Die *Berufsaufbauschule* führt junge Berufstätige zur Fachschulreife.
15. Eine *Berufsausbildung* ist nur in einem vom Staat anerkannten Lehrberuf möglich, für den eine eigene Ausbildungsordnung vorliegt, die die Eignungsanforderungen, die Ausbildungsdauer und die Prüfungsvorschriften enthält.
16. *Berufsbegleitende Schulen* (Teilzeitschulen) ermöglichen eine Berufsausübung während des Schulbesuchs.
17. Die Aufgabe der *Berufsberatung* besteht darin, Eignung und Neigungen eines Jugendlichen festzustellen und ihn auf die Entwicklung des Arbeitsmarktes aufmerksam zu machen. Die Berufsberatung liegt ausschließlich in der Hand der staatlichen Arbeitsämter.
18. Die zahlreichen *berufsbildenden Schulen* gehen von der beruflichen Situation der Schüler aus und fördern allgemeine Bildung und berufliche Ausbildung. Es gibt folgende Hauptformen: Berufsschule, Berufsfachschule, Berufsaufbauschule, Fachschule, Ingenieurschule und höhere Fachschule.
19. *Berufsfachschulen* sind berufsvorbereitende Schulen, die im Anschluß an eine allgemeinbildende Schule und vor Beginn einer beruflichen Tätigkeit besucht werden. Es sind ein- bis dreijährige Tagesschulen, die eine erweiterte Allgemeinbildung und die Ausbildung in einer bestimmten Fachrichtung (manchmal beruflicher Abschluß) vermitteln. 1960 besuchten 130 000 Schüler (davon 90 000 Mädchen) 1600 Berufsfachschulen, von denen 30 % in privater Hand sind.
20. Die *Berufsschule* ist eine berufsbegleitende Schule, deren Besuch Pflicht ist. Sie wird von Jungen und Mädchen nach Beendigung der Volksschulpflicht einmal wöchentlich, und zwar drei Jahre lang, besucht. 1960 gingen 1,6 Millionen Schüler auf 2400 Berufsschulen.
21. Von der dreijährigen *Berufsschulpflicht* ist nur befreit, wer eine anerkannte Fachschule, eine andere öffentliche oder private Schule (Handelsschule, Mittelschule) oder eine Hochschule besucht.
22. *Bildung* ist die bewußte Formung des Menschen durch die Entwicklung natürlicher Anlagen und die Verarbeitung von Einflüssen und Erlebnissen zur Erfassung sittlicher, künstlerischer und wissenschaftlicher Werte.
23. Die *Didaktik* befaßt sich mit der Planung und Gestaltung des Unterrichts.

24. Die *Differenzierung* ist ein vielfältiges pädagogisches Problem. Man versteht darunter das Bestreben, innerhalb eines einheitlichen Bildungssystems den verschiedenen Bedürfnissen von Individuum und Gesellschaft durch Gliederung in Schultypen, durch Fächerkombinationen, methodische Sonderregelungen usw. gerecht zu werden.
25. Unter der *Dreigliedrigkeit des Schulwesens* versteht man die herkömmliche Gliederung des allgemeinbildenden Schulwesens in Volksschule, Realschule und Gymnasium. Die heutige Schulwirklichkeit ist weitaus differenzierter.
26. Die im Gegensatz zu früher erstrebte und heute zum großen Teil erreichte *Durchlässigkeit* bezeichnet die Erleichterung des Überganges von einem Schultyp zu einem anderen.
27. Das *Einschulungsalter* liegt bei sechs Jahren.
28. Die Vertreter der Eltern bilden den *Elternbeirat* der Schule. Im allgemeinen dient er nur der pädagogischen Zusammenarbeit zwischen Elternhaus und Schule.
29. In der Bundesrepublik wird der staatliche Erziehungsanspruch (Schulrecht) durch die *Rechte der Eltern* (Erziehungsanspruch der Eltern) begrenzt.
30. *Ergänzungsschulen* werden in Nordrhein-Westfalen jene Privatschulen genannt, deren Abschlußzeugnis nicht dem Abschlußzeugnis öffentlicher Schulen gleichgestellt ist.
31. *Ersatzschulen* sind staatlich genehmigte Privatschulen, die den öffentlichen Schulen gleichgestellt sind. Sie unterstehen der staatlichen Schulaufsicht.
32. Ein Schüler durchläuft den *Ersten Bildungsweg*, wenn er im Anschluß an die Grundschule (1.–4. Volksschuljahr in allen Bundesländern, außer in Berlin, Bremen und Hamburg) eine der drei Hauptformen des allgemeinbildenden Schulwesens (Volksschule, Realschule, Gymnasium) und danach die sich daran anschließende berufsbildende Schule (Berufs- oder Fachschule, Ingenieurschule oder höhere Fachschule, Hochschule oder Universität) besucht.
33. Durch *Erwachsenenbildung* wird Erwachsenen, z. B. in Volkshochschulen, die Möglichkeit gegeben, ihre Bildung oder Ausbildung zu erweitern und abzurunden.
34. Im Gegensatz zur Bildung umgreift der Begriff *Erziehung* mehr die Gesamtheit der Mittel, Hilfen, Bestrebungen usw., die der Einordnung des jungen Menschen in die menschliche Gesellschaft dienen.

35. Nach dem Bürgerlichen Gesetzbuch (BGB) ist der *Erziehungsberechtigte* derjenige, dem – auf Grund der elterlichen Gewalt – das Erziehungsrecht zufällt.
36. Die einzelnen Wissenschaftszweige der Universität werden *Fächer* genannt. In der Schule spricht man von Unterrichtsfächern.
37. Seit 1965 gibt es z. B. in 50 Städten Nordrhein-Westfalens Aufbaugymnasien, die nicht zur allgemeinen Hochschulreife, sondern zu einer *fachgebundenen Hochschulreife* führen, d. h. die Absolventen dieser Schulen gewinnen den Zugang nur zu einem bestimmten Hochschulstudium.
38. Das *Fachlehrerprinzip* hat sich an allen allgemeinbildenden und berufsbildenden Schulen durchgesetzt. Fachlehrer, die eine besondere Lehrbefähigung erworben haben, unterrichten nur ihre Fächer. Nur in der Grundschule (1.–4. Volksschuljahr) unterrichten die Klassenlehrer alle Fächer.
39. Im Gegensatz zur Berufsfachschule setzt die *Fachschule* eine abgeschlossene berufliche Grundausbildung voraus (Gesellenbrief, Facharbeiterbrief). Beide Schultypen dienen der beruflichen Weiterbildung und sind daher stark spezialisiert.
40. Die *Fachschulreife* ist ein neuartiger Abschluß des Zweiten Bildungsweges, der zum Besuch der höheren Fachschule berechtigt. Der Nachweis der Fachschulreife wird durch das Zeugnis über den Besuch und Lehrabschluß einer Berufsaufbauschule, einer zwei- oder dreijährigen Handelsschule oder durch den Besuch von Sonderklassen der Berufsschule erbracht.
41. Geeigneten Absolventen von Ingenieurschulen und höheren Fachschulen sowie den Absolventen von Aufbaugymnasien wird eine beschränkte Hochschulreife (fachgebundene Hochschulreife) zuerkannt, die sog. *Fakultätsreife*.
42. Zwischen der Grundschule einerseits und der Volksschuloberstufe, der Realschule und dem Gymnasium andererseits soll – sie besteht teilweise schon – eine Zwischenstufe von zwei Jahren eingeführt werden (die sogenannte *Förderstufe* oder der differenzierende Mittelbau), die die Schüler auf eine ihren Anlagen entsprechende Schule vorbereiten soll.
43. Der Begriff »*formale Bildung*« bezeichnet eine stufenweise Schulung des Intellekts während der Lernprozesse.
44. Die Bezeichnung *Frauenfachschule* ist zumindest in Nordrhein-Westfalen irreführend, da es sich nicht um eine echte Fachschule, sondern um eine einjährige berufsvorbereitende Schule handelt, deren Besuch zum

Eintritt in die Fachschule und gelegentlich auch zum Eintritt in die höhere Fachschule berechtigt.
45. Nach dem Jugendarbeitsschutzgesetz hat der Jugendliche nach Beendigung der täglichen Arbeit ein Recht auf eine ununterbrochene *Freizeit* von mindestens zwölf Stunden.
46. Wer das Abitur oder die Realschulreife erwerben will, ohne Schüler der entsprechenden Schule zu sein, kann sich vor einem Prüfungsausschuß, der von der Schulaufsichtsbehörde ernannt wird, der Prüfung unterziehen *(Fremdenprüfung).*
47. *Fremdsprachenunterricht:*
Volks- bzw. Hauptschule: In allen Bundesländern (außer dem Saarland, wo Französisch gelehrt wird) wird in der 5. Klasse Englisch als Wahl-, meist aber als Pflichtfach gelehrt.
Realschule: In der Realschule ist im allgemeinen eine Fremdsprache, meist Englisch, Pflicht; eine zweite Fremdsprache kann als Wahlfach gelehrt werden.
Gymnasium: Auch hier gibt es in der Bundesrepublik Unterschiede. In Nordrhein-Westfalen ist die Sprachenfolge für die einzelnen Typen folgendermaßen festgelegt: Die erste Fremdsprache beginnt mit der 5. Klasse, d. h. wenn der Schüler etwa zehn Jahre alt ist, die zweite in der 7. und die 3. in der 9. Klasse.

Schultyp	*1. Fremdspr.*	*2. Fremdspr.*	*3. Fremdspr.*
altsprachliches G.	Lateinisch	Englisch	Griech./Franz.
neusprachliches G.	Engl./Lat.	Lat./Engl.	Franz.
math.-naturwissenschaftliches G.	a. Englisch	Lat./Franz.	–
	b. Latein	Englisch	–

In der Oberstufe des Gymnasiums wird bei Bedarf wahlfreier Unterricht in: Hebräisch, Französisch, Russisch, Spanisch, Italienisch, Niederländisch angeboten.
Auch in den berufsbegleitenden oder berufsbildenden Schulen wird Englisch meistens als Wahlfach unterrichtet.
48. Mit der *Ganzheitsmethode* wird Lesen und Schreiben in der Art gelehrt, daß stets vom »Ganzen« (Wörtern oder Sätzen) ausgegangen wird. Ein Wort wird also nicht aus Buchstaben zusammengesetzt, sondern sofort als Ganzes dargeboten.
49. Die *Gegenwartskunde* ist ein Unterrichtsfach, das soziale, wirtschaftliche und politische Probleme zum Gegenstand hat (siehe: Sozialkunde).
50. Die *Gemeinschaftskunde* ist ein Unterrichtsfach, das besonders die sozialen Probleme zum Gegenstand hat.

51. Im Gegensatz zur Bekenntnisschule werden in *Gemeinschaftsschulen* Schüler beider Konfessionen gemeinsam unterrichtet. In allen Bundesländern haben die Eltern das Recht, die Schulart selbst zu bestimmen.
52. Mit *Grundschule* bezeichnet man die ersten vier (in Berlin, Bremen und Hamburg die ersten sechs) Schuljahre des Kindes.
53. Im *Gruppenunterricht* werden Schüler mit ähnlichem Leistungsniveau oder gleichen Interessen aus einer oder mehreren Klassen zusammengefaßt.
54. Nach einem Universitätsstudium von etwa 5–6 Jahren legt der Kandidat in zwei Fächern die sog. wissenschaftliche Staatsprüfung (1. Staatsexamen) ab. Danach tritt er als Referendar in das Studienseminar ein, wo er die pädagogische Ausbildung (praktisch und theoretisch) bekommt. Mit der nach 18–24 Monaten möglichen pädagogischen Prüfung (2. Staatsexamen) erhält er die unbeschränkte Lehrbefähigung für seine zwei Fächer.
55. Alle Schulen, die zur allgemeinen Hochschulreife führen (Normalform: 9 Jahre), und einige Aufbauformen (Kurzform: 7 Jahre oder weniger), die zu einer allgemeinen oder fachgebundenen Hochschulreife führen, heißen *Gymnasien*. Beide Organisationsformen schließen nach dem 13. Schuljahr (Alter der Schüler = 19 Jahre) mit einer Reifeprüfung ab.

In Nordrhein-Westfalen ist das Gymnasium folgendermaßen gegliedert:
I. Normalform des Gymnasiums (9 Jahre)
   a. zur allgemeinen Hochschulreife führend
      1. Altsprachliches Gymnasium
      2. Neusprachliches Gymnasium
      3. Mathematisch-naturwissenschaftliches Gymnasium
      4. Sozialwissenschaftliches Mädchengymnasium
      5. Wirtschaftswissenschaftliches Gymnasium
      6. Musisches Gymnasium
      7. Erziehungswissenschaftliches Gymnasium
   b. zu einer fachgebundenen Hochschulreife führend
      8. Gymnasium für Frauenbildung zur Erlangung einer fachgebundenen Hochschulreife (früher: Frauenoberschule)
II. Aufbauform des Gymnasiums
   a. zur allgemeinen Hochschulreife führend
      9. Aufbaugymnasium (7 Jahre)
     10. Gymnasium in Aufbauform für Realschulabsolventen (3 Jahre)

b. zu einer fachgebundenen Hochschulreife führend (3 bzw. 4 Jahre)
11. Wirtschafts- und sozialwissenschaftliches Gymnasium in Aufbauform
12. Naturwissenschaftliches Gymnasium in Aufbauform
13. Pädagogisch-musisches Gymnasium in Aufbauform

Einige Zahlen: 1965 besuchten 957 900 Schüler das Gymnasium. 1965 machten 48 528 Schüler das Abitur.
Von den Schülern, die bereits zwei Jahre auf dem Gymnasium sind, verlassen etwa 20% die Schule in den nächsten drei Jahren. Etwa 32% verlassen das Gymnasium nach der sog. »Mittleren Reife« und vor dem Abitur. Etwa 48% der Schüler bestehen das Abitur. Die Zahlen beziehen sich auf den Zeitraum von 1958–1965.

56. *Handelsschulen* sind Berufsfachschulen.
57. Die *Hauptschule* hat in allen Bundesländern verschiedene Organisationsformen. Sie schließt an die Grundschule an und endet mit der 9. oder 10. Klasse.
58. Die Institution, die in einer Fachrichtung die höchstmögliche Ausbildung vermittelt und deren Abschlußprüfung den Zugang zu den akademischen Berufen gewährt, bezeichnet man als *Hochschule*. Man unterscheidet zwischen Universitäten, Technischen Hochschulen, Musikhochschulen, Pädagogischen Hochschulen usw. Es gibt etwa 150 Hochschulen in der Bundesrepublik. Die Studiendauer ist unterschiedlich. Die Hochschulreife ist Voraussetzung zum Hochschulstudium.
59. Die *Hochschulreife* berechtigt zum Besuch einer Hochschule.
60. Ingenieurschulen und *höhere Fachschulen* setzen schon eine Berufserfahrung und -ausbildung voraus.
61. Die *höhere Schule* ist das Gymnasium.
62. Das *Honnefer Modell* ist eine staatliche Einrichtung, durch die bedürftige, begabte Studenten finanziell unterstützt werden.
63. Absolventen der *Ingenieurschule* sind Ingenieure. Absolventen der Technischen Hochschule sind Diplom-Ingenieure.
64. siehe: Bekenntnisschule
65. *Kulturhoheit der Länder* heißt, daß die Kultur- und Schulpolitik Sache der einzelnen Bundesländer ist. Der Bund hat nicht einmal das Recht auf eine Rahmengesetzgebung.
66. Der *Lehrherr* hat die Pflicht, den Lehrling auszubilden, und muß darüber hinaus auch eine Erziehungspflicht erfüllen.
67. *Lehrlinge* sind Jugendliche, die aufgrund eines Lehrvertrages zwischen dem Lehrling und dem Lehrherrn in einem Betrieb beschäftigt sind, um

dort in Verbindung mit entsprechender Arbeitsleistung beruflich ausgebildet zu werden. Die Lehrzeit dauert drei Jahre und wird mit einer Prüfung (Gesellen- oder Gehilfenprüfung) abgeschlossen.
68. An allen Schulen besteht *Lehrmittelfreiheit*, d. h. den Eltern erwachsen keine Kosten für die Anschaffung von Lehrmitteln (z. B. physikalische Experimentiergeräte).
69. Große Betriebe haben für die Lehrlingsausbildung eigene *Lehrwerkstätten* eingerichtet.
70. Die Anschaffung von *Lernmitteln* (Schulbüchern) wird von den Ländern und den Eltern getragen. Die in den Ländergesetzen geforderte Lernmittelfreiheit ist aber in vielen Bundesländern zumindest an Volks- und Berufsschulen verwirklicht.
71. *Medizinische Akademien* sind Fachhochschulen.
72. Die *Methodik* bestimmt Wege und Ziele, also das »Wie« des Lehrens und Lernens (siehe: Didaktik) und gibt Anleitung zu planmäßigem wissenschaftlichem Vorgehen.
73. Im Interesse der Differenzierung (siehe 24) und eines intensiven Sachunterrichts durch Fachlehrer werden die Volksschuloberstufen mehrerer Dörfer oder Stadtbezirke in sog. *Mittelpunktschulen* zusammengefaßt.
74. *Mittelschule* ist eine andere Bezeichnung für die Realschule.
75. Unter *Mittlerer Reife* versteht man den erfolgreichen Realschulabschluß oder den Abschluß nach der 10. Klasse des Gymnasiums.
76. *Oberschule* ist eine andere Bezeichnung für das Gymnasium.
77. Im Gegensatz zu der Privatschule untersteht die *öffentliche Schule* dem Land oder der Gemeinde (siehe Privatschulen).
78. *Pädagogische Akademie* ist eine veraltete Bezeichnung für die Pädagogische Hochschule.
79. In *Pädagogischen Hochschulen* werden Volksschullehrer ausgebildet.
80. Bestimmte Fach- und Hochschulen verlangen eine praktische Vorbildung, die entweder durch eine Lehre oder durch ein *Praktikum* erworben werden kann.
81. Alle nicht öffentlichen Schulen (siehe 30, 31, 77) sind *Privatschulen*.
82. Jedes Lehrverhältnis (siehe 67) beginnt mit einer *Probezeit* von mindestens einem Monat, in welchem das Lehrverhältnis von beiden Seiten jederzeit gekündigt werden kann.
83. Beim *programmierten Lernen* wird der Lehrstoff in kleinere Einheiten, die durch Fragen erfaßt werden, zerlegt. Die richtige Beantwortung der Fragen kann vom Schüler selbst kontrolliert werden. Der Lernfortschritt hängt somit ganz vom Lernenden ab.

84. Alle Schulen, die auf der Grundschule (siehe 52) aufbauen und eine über die Hauptschule (siehe 57) hinausgehende allgemeine Bildung (siehe 5) vermitteln, sind *Realschulen* (Mittelschulen). Wie beim Gymnasium gibt es Normalformen und Aufbauformen (siehe 7), die in den einzelnen Bundesländern sehr verschieden sind. Z. B. schließt in Hamburg, Bremen, Berlin und Bayern die vierjährige Realschule an das sechste Schuljahr an; in den anderen Bundesländern ist die Realschule sechsjährig im Anschluß an das vierte Schuljahr. Die Realschulen haben nach dem Zweiten Weltkrieg eine große Zunahme erfahren. 1950 gab es im Bundesgebiet 237 600 Realschüler in 6351 Klassen, 1965 schon 570 900 in 17 566 Klassen.
85. Mit der staatlichen *Reifeprüfung* als Abschluß des Gymnasiums erhält der Abiturient die Hochschulreife (siehe 59).
86. Nach dem Besuch eines Gymnasiums und der bestandenen Reifeprüfung erhält der Abiturient das *Reifezeugnis* (Abiturzeugnis).
87. Die Eltern haben überall die freie Entscheidung darüber, ob ein Kind am *Religionsunterricht* teilnimmt.
88. Jede geplante kontinuierliche Veranstaltung, die auf Erziehung, Aus- oder Fortbildung der Teilnehmer zielt, ist *Schule*. Im allgemeinen versteht man darunter nur die bekanntesten Organisationsformen.
89. Durch die Einrichtung einer *Schülermitverwaltung* soll das Klima zwischen Schulleitung, Lehrkörper, Schülern und Eltern verbessert werden. Da die straff verwaltete öffentliche Schule keine echte Verantwortung abgeben kann, ist der Begriff der »Mitverwaltung« unangemessen. Die Organisationsformen der Schülermitverwaltung (Klassensprecher, Schulsprecher, Schülerausschuß) haben sich aber besonders in der letzten Zeit als geeignete Medien erwiesen, den Interessen der Schüler Ausdruck zu verleihen.
90. An allen öffentlichen allgemeinbildenden und berufsbildenden Schulen der Bundesrepublik herrscht *Schulgeldfreiheit*.
91. In der Bundesrepublik besteht eine allgemeine *Schulpflicht*. Darin äußert sich der Anspruch des Staates auf ein Bildungsminimum. Schulpflicht besteht für alle Schüler vom vollendeten 6. bis 15. Lebensjahr und für Schüler von Berufsschulen bis zum 18. Lebensjahr (siehe 21).
92. Das *Schulrecht* ist die staatliche Regelung des Schulwesens (siehe 13, 21, 29, 65, 77, 91).
93. Schulpflichtige Kinder und Jugendliche, die in den allgemeinbildenden Schulen nicht erfolgreich sind, erhalten in *Sonderschulen* eine Behandlung oder Erziehung, die ihre körperliche, seelische oder geistige Be-

hinderung berücksichtigt. Allein in Nordrhein-Westfalen gibt es 505 Sonderschulen verschiedenster Art.

94. *Sozialkunde* ist ein Fach an allgemeinbildenden und berufsbildenden Schulen, in dem, über den alten Geschichtsunterricht hinaus, wirtschaftliche, gesellschaftliche und politische Probleme behandelt werden (siehe 49, 50).
95. Pädagogische Aufgaben, deren Notwendigkeit erst in der modernen Gesellschaft sichtbar wurden, werden in dem Begriff *Sozialpädagogik* zusammengefaßt. Folgende Stichworte sollen ihren Umfang andeuten: Jugendverwahrlosung, Jugendfürsorge, Reizüberflutung, Anpassungsschwierigkeiten, Resozialisierung von Straffälligen, Umlernhilfen usw.
96. siehe 58
97. *Unterricht* vermittelt Wissen und will Urteilsfähigkeit entwickeln.
98. Die *Volkshochschule* ist keine Hochschule, sondern eine meist städtische Einrichtung, die der Erwachsenenbildung dient. Eine Vielfalt von Kursen wird angeboten; Zeugnisse können nicht erworben werden.
99. *Volksschulen* sind staatliche öffentliche Schulen, die jedes Kind vom 6. Lebensjahr an, und zwar mindestens vier Jahre lang, besuchen muß. Diese ersten vier Jahre sind die Grundschule. Nach der Grundschule besucht es entweder die Volksschuloberstufe, Hauptschule, Realschule oder das Gymnasium (siehe 52, 57, 91).
100. Die *Volksschullehrerausbildung* beginnt an einer Pädagogischen Hochschule, deren Besuch die Hochschulreife voraussetzt. Nach drei- bis vierjähriger wissenschaftlicher und praktischer Ausbildung findet die Erste Lehrerprüfung statt. Danach beginnt eine ein- bis zweijährige Junglehrerzeit, die mit der Zweiten Lehrerprüfung abschließt.
101. Als Volksschuloberstufe bezeichnet man die fünf letzten Volksschuljahre. Durch die Einrichtung von Hauptschulen (siehe 57), Förderstufen (siehe 42) und Mittelpunktschulen (siehe 73) soll die Arbeit an der Volksschuloberstufe neu geordnet werden.
102. Es gibt eine Reihe von Schultypen, die Übergangseinrichtungen sind und hauptsächlich für Schüler gedacht sind, die bereits eine Berufsausbildung hinter sich haben. Alle diese Einrichtungen, die es einem Jugendlichen ermöglichen, einen höheren Bildungsabschluß (z. B. Hochschulreife und akademisches Studium) zu erreichen, ohne den Ersten Bildungsweg (siehe 32) durchlaufen zu haben, gehören zum *Zweiten Bildungsweg*.

Aufgaben und Fragen:

a. Was versteht man unter . . . . ? (hier beliebigen Begriff einsetzen)
Geben Sie einen kurzen Überblick über das allgemeinbildende (oder berufsbildende) Schulwesen in der Bundesrepublik.
Warum ist das Schulsystem in der Bundesrepublik so uneinheitlich?
Charakterisieren Sie das Schulsystem Ihres Landes im Vergleich zum Schulsystem der Bundesrepublik.

b. Welche Ansatzpunkte für eine Kritik finden Sie in den vorliegenden Angaben?
Nach welchen Prinzipien muß Ihrer Ansicht nach ein Schulsystem organisiert werden?
In welchem Verhältnis stehen der Erziehungsanspruch des Staates und das Erziehungsrecht der Eltern zueinander?

Weitere Übungsbücher für den Fortgeschrittenenunterricht:

Werner Schmitz
Übungen zu synonymen Verben
59 Seiten, kart., Hueber-Nr. 1094

In 25 Gruppen werden gebräuchliche Wörter vorgestellt und ihrer Bedeutung und ihren morphologischen Eigenschaften nach gegeneinander abgegrenzt. In vielen Einsetzübungen läßt sich nachprüfen, ob die Erklärungen auch verstanden worden sind. Das Heft ist für den Unterricht in einer Mittelstufenklasse geeignet, kann aber auch für das Selbststudium von Nutzen sein.

Werner Schmitz
Der Gebrauch der deutschen Präpositionen
87 Seiten, kart., Hueber-Nr. 1059

Das Buch ist auf die Praxis abgestimmt, verzichtet also bewußt auf die Erläuterung historischer oder etymologischer Zusammenhänge. Die verschiedenen Anwendungsmöglichkeiten und Bedeutungen der Präpositionen werden kurz dargelegt und anschließend durch Beispielsätze verdeutlicht.

Gerhard Kaufmann
Wie sag ich's auf Deutsch?
Übungen zu ausgewählten Kapiteln aus Grammatik und Wortschatz für Fortgeschrittene.
71 Seiten, kart., Hueber-Nr. 1097
Schlüssel: 16 Seiten, geheftet, Hueber-Nr. 2.1097

Franz Eppert
Deutsche Wortschatzübungen
88 Seiten, kart., Hueber-Nr. 1049

Anhand von inhaltlich zusammenhängenden Wortgruppen wird nicht nur das Verständnis und die Bedeutung durch einen Kontext vermittelt, sondern auch der Gebrauch der Wörter eingeübt. Das Material ist für den Klassenunterricht wie für das Selbststudium gleichermaßen geeignet.

MAX HUEBER VERLAG ISMANING BEI MÜNCHEN